Doreen Virtue
10 Botschaften Deiner Engel

Doreen Virtue

10 Botschaften Deiner Engel

Aus dem amerikanischen Englisch
von Angelika Hansen

IRISIANA

Die amerikanische Originalausgabe erschien 2017 unter dem Titel
»10 Messages Your Angels Want You To Know«.

MIX
Papier aus verantwor-
tungsvollen Quellen
FSC
www.fsc.org   FSC® C014496

Verlagsgruppe Random House FSC® N001967

10 Messages Your Angels Want You To Know
Copyright © 2017 Doreen Virtue
Originally published in 2017 by Hay House Inc. USA

1. Auflage
© 2018 der deutschsprachigen Ausgabe by Irisiana Verlag,
einem Unternehmen der Verlagsgruppe Random House GmbH,
Neumarkter Straße 28, 81673 München
Satz: Uhl + Massopust GmbH, Aalen
Umschlaggestaltung: Geviert, Grafik & Typografie
Druck und Bindung: GGP Media GmbH, Pößneck
Printed in Germany
ISBN: 978-3-424-15335-4

Inhalt

Nachwort:
Deine Aufgabe, Deine Existenzgrundlage und

Einführung

Was die Engel Sie wissen lassen möchten

Es hat lange gedauert, bis dieses Buch zustande kam. Schon als Kleinkind habe ich die Gegenwart von Engeln gespürt, ohne zu wissen, was ich da sah, hörte oder erlebte. Ich wusste nur, dass jedes Mal, wenn ich traurig oder unglücklich war, Wesen aus Licht kamen, um mich zu trösten. Sie beruhigten mein empfindsames Herz und versicherten mir, dass ich geliebt und beschützt werde.

Außerdem lehrten sie mich viele Dinge darüber – Lektionen, die ich begeistert mit Ihnen, meinen Lesern, teile – wie das Leben hier und jetzt, in diesem Augenblick, »himmlisch« sein kann.

Die Engel beschützen Sie und jeden von uns; zudem bedeutet das Wort *Engel* »Bote Gottes«. In der Geistwelt gibt es viele Wesen, die Botschaften übermitteln, doch nicht alle sind vertrauenswürdig oder erfüllt vom Licht Gottes. Ich habe gelernt, zu unterscheiden und spirituelle Schutzmaßnahmen zu ergreifen, um sicherzugehen, dass ich nur mit den wahren Engeln Gottes spreche.

Sie können aufgrund einiger auffallender Eigenschaften einen wahren Engel von einer niederen Wesenheit unterscheiden. Wahre Engel …

- … sind großzügig und geben bedingungslos, ohne etwas dafür zu verlangen.
- … sind in jeder Beziehung wie Gott: liebevoll, weise, mitfühlend und vergebend.
- … werden niemals müde – weil sie so wie Gott über grenzenlose Energie verfügen.
- … können gleichzeitig bei jedem sein, da sie reine

Energiekörper besitzen anstatt beschränkte physische Körper.

Zuweilen betrachten Menschen ihre verstorbenen Lieben als Engel. Und wenn ihre Seelen im Himmel auch so hilfreich sein können wie Engel, besitzen sie nach wie vor ein menschliches Ego (im Gegensatz zu wahren Engeln, die ohne Ego sind).

Von Kindesbeinen an hellsichtig begabt, habe ich gesehen, dass jeder Mensch ständig zwei oder mehr Schutzengel an seiner Seite hat, in der Regel neben den Schultern. Wie Sie in diesem Buch lesen werden, unterstehen die Schutzengel dem göttlichen Gesetz des freien Willens in Bezug auf die Entscheidungen, die wir treffen. Daher können Tragödien und schlimme Dinge passieren, wenn Menschen sich freiwillig entscheiden, auf eine Weise zu handeln, die verletzend ist.

Die Botschaften in diesem Buch behandeln die Realität sowohl aus der Perspektive der Dualität als auch der Nicht-Dualität, da die Engel die reale Welt und die der Illusionen klar erkennen können:

- *Dualitä*t ist die Welt der Illusionen, wo es den Anschein hat, als wären wir alle voneinander getrennt und es sich anfühlen kann, als wäre Gott weit weg und würde unsere Gebete nicht hören oder beantworten.
- Der Begriff *Nicht-Dualität* ist die reale Welt, die Gott erschaffen hat. Er steht für die unerschütterliche Erkenntnis der Tatsache, dass Sie und ich eins sind mit Gott, den Engeln und allen Menschen.

Die Engel sprechen über beide Perspektiven, da wir dazu neigen, zwischen diesen beiden Welten zu schwanken.

Ich werde oft gefragt, warum ich mit den Engeln spreche anstatt mit Gott oder Jesus. Die Antwort ist, dass ich *tatsächlich* ständig mit Gott und Jesus rede, etwas, das ich auch anderen dringend ans Herz lege. Bei den Botschaften der Engel handelt es sich um die Botschaften Gottes (der eins ist mit dem Heiligen Geist, Jesus und unserem höheren Selbst), die uns von den himmlischen Boten übermittelt werden. Da Engel kein Ego besitzen, kommen diese Botschaften direkt und unverfälscht von Gott.

Wie Sie in diesem Buch lesen werden, ist Gottes Perspektive bedingungsloser reiner Liebe eine sehr hohe Schwingung. Tatsächlich bedeutet reine Liebe die *höchstmögliche* Schwingung überhaupt.

Wir können diese Schwingungsebene erreichen, indem wir beispielsweise unser Herz öffnen, meditieren, vergeben oder den Kontakt mit der Natur suchen. Das sind die Momente, in denen wir ein Gefühl der Einheit erleben und spüren, dass wir alles und jeden mit ganzer Seele lieben.

Solche Augenblicke mögen flüchtig sein, da die »reale Welt« dazu neigt, uns auf eine niedere Schwingung herunterzuziehen, wo wir uns selbst und andere beurteilen. Was zur Folge hat, dass wir uns als getrennt von anderen sehen, was wiederum zu Einsamkeit und emotionalem Schmerz führt.

Das ist der Moment, in dem die Engel erscheinen. Sie verbinden die nichtduale und duale Welt, zwischen denen wir hin- und hergerissen sind. Die Engel sind in der Lage, uns zu erreichen und zu lehren, egal wie gestresst oder voreingenommen wir sind, oder wie groß unsere Angst ist.

Einige der Botschaften in diesem Buch mögen von Dingen handeln, die Sie bereits wissen und die Ihnen daher als eine hilfreiche Erinnerung dienen können. Ich persönlich habe durch das Empfangen der Botschaften für dieses Buch eine Menge gelernt und sowohl neue Perspektiven kennengelernt als auch konkrete Anleitungen erhalten.

Dieses Buch kann Ihnen auch dann eine Orientierung bieten, wenn Sie es auf einer beliebigen Seite aufschlagen. Was immer Sie dort lesen, ist eine individuelle Botschaft für Sie.

Der Rest dieses Buches – nach dieser Einführung – besteht ausnahmslos aus den Botschaften der Engel, wörtlich aufgeschrieben, wie ich sie empfangen habe. Genau wie meine früheren Bücher *Die Engel-Therapie* und *Botschaft der Engel*, wurde mir *10 Botschaften Deiner Engel* von den Engeln diktiert, nachdem ich um ihre Führung gebetet hatte. Sie wählten die Themen, und sie sagten mir genau, was ich schreiben soll. In meinen früheren Büchern gaben die Engel Antworten auf meine Fragen über das Leben und die Welt. In diesem Buch habe ich keinerlei Fragen gestellt, da die Engel selbst in sich geschlossene Thesen mitzuteilen hatten. Ich hörte ihre kollektive Stimme in meinen

Ohren, während ich gleichzeitig Visionen und in meinem Geist »Downloads« in Form von Informationen empfing. Interessanterweise habe ich jahrelang als Sekretärin gearbeitet, um meine Studiengebühren zu bezahlen. Ich tippte Briefe, die mein Chef auf Band diktiert hatte. Wenn ich Botschaften von den Engeln tippe, fühle ich mich wie eine »Sekretärin des Himmels«. So wie ich damals in meinem Job als Sekretärin Diktate übertragen habe, schreibe ich die Botschaften exakt so auf, wie ich sie höre, ohne irgendwelche eigenen Meinungen oder Gedanken hinzuzufügen. Es ist ein reines Diktat, und Sie werden beim Lesen die hohe Schwingung der himmlischen Botschaften wahrnehmen.

Ich bete dafür, dass die Lektüre dieses Buchs Ihnen helfen wird, eine noch klarere Verbindung mit Ihrer eigenen göttlichen Führung zu entwickeln. Mögen die auf diesen Seiten enthaltenen Botschaften Sie empfänglich machen für Gottes persönliche Botschaften an *Sie*.

Mit Liebe und Respekt,
Doreen

1

Der Wachtraum

Eine Botschaft über Deine wahre Identität

Geliebtes Wesen, wir beginnen diese Botschaft, indem wir Dir unseren vollen Respekt angesichts der Schwierigkeiten zollen, mit denen Du Dich in Deiner Rolle als Mensch konfrontiert siehst. Wir haben größtes Mitgefühl hinsichtlich der Herausforderungen, denen Du gegenüberstehst. Wir sind Zeugen Eurer inneren und äußeren Kämpfe und tun unser Bestes, um zu intervenieren, wenn wir darum gebeten werden. Es ist unser Bestreben, uralte Erinnerungen in Dir zu wecken, Dich zu führen auf Deinem Weg zurück in Dein wahres Zuhause.

Wir haben nichts Neues zu lehren oder an Dich weiterzugeben, nur diese Erinnerungen an das, was Du in Deiner Seele seit jeher weißt. Denn wir bestehen aus derselben Substanz wie Du, wir alle sind gleichermaßen von Gott erschaffen.

Wir sind die Boten des Schöpfers, die unmittelbaren Gedankenformen Gottes, und haben nur den einen Wunsch: Dich zu erreichen und Dir die Glück bringende Wahrheit zu verkünden. Diese langsam erwachende Erkenntnis ermöglicht Dir darüber hinaus, einen glücklicheren Traum zu leben. Denn es stimmt, das »Leben ist nur ein Traum«, was wir Dir mittels praktischer Beispiele zu verstehen geben, von denen Du sagen wirst, dass sie Dein Leben »verbessern«.

Während Du unsere Worte liest, stellen wir zudem eine ganz persönliche Verbindung zu Dir her. Unsere Botschaften wirken direkt auf Deine Seele und Gefühle ein. Dies wird Erkenntnisse wecken, zu denen Du vorher keinen bewussten Zugang hattest.

Du hast uns gebeten, Deine spirituelle Entwicklung zu beschleunigen, und wir werden Dich so schnell durch die erforderlichen Schritte führen, wie es Dir angenehm ist. Du bist es, der stets und letztendlich die Kontrolle über diesen Prozess hat.

Wir können die Dualität und die Einheit in Dir sehen, wie sie simultan nebeneinander existieren – wobei die Dualität ein sehr realistischer Traum ist, den wir »Abenteuer des Egos« nennen. Wir sehen das *Du*, das eine Geschichte träumt, die besagt, dass Du allein bist und Dich häufig frustriert und verlassen fühlst. Ein träumendes *Du*, das sich fragt, wo Gott ist, und warum Deine Gebete nicht erhört werden.

Wir sehen Dein ganzes Wesen, alles was Du bist und was Dich ausmacht, von den niedrigsten bis zu den höchsten Schwingungen, alle gleichzeitig präsent. Dein wahres Ich erinnert sich mehr und mehr an das, was Du »Himmel« nennen würdest – ein Zustand des Seins, den wir Dir noch näher erläutern werden.

Du erinnerst Dich daran, grenzenlos zu sein. Du erinnerst Dich daran, wie alles unmittelbar auf Deine Gedanken und Gefühle reagierte. Du erinnerst Dich an bedingungslose Liebe, die so intensiv ist, dass Deine Seele sich zutiefst nach dieser Erfahrung des Verschmelzens mit anderen sehnt.

Des Nachts im Traum reist Deine Seele zuweilen zurück zu Deinem himmlischen Ursprung. Dort verbindest Du Dich erneut mit Deiner Seelenfamilie sowie mit Meistern, die in Tempeln aus Kristall Unterricht geben. Dein spirituelles Herz öffnet sich weit, denn hier fühlst Du Dich vollkommen sicher und geborgen.

Kein Ego, kein Körper, nichts, das es zu beschützen gilt. Du bist zu Hause.
Und dann wachst Du ironischerweise wieder in dem Wachtraum auf, der von vielen als »Realität« bezeichnet wird. Du erinnerst Dich vage an Deine Traumreise, erfüllt von der Sehnsucht, dorthin zurückzukehren. Und mehr noch, Du möchtest Dich an die tief greifenden Erkenntnisse und die Verbindungen erinnern können, die Du während Deines Traumbesuchs erfahren hast. Doch die Visionen und Wahrheiten, die Dir in der multidimensionalen Welt zuteilwurden, ergeben in der dreidimensionalen »Realität« keinen Sinn. Also blockiert Dein Bewusstsein sie, bis irgendein Erlebnis uralte Erinnerungen auslöst.

Das, wonach es Dich am heftigsten verlangt, ist jenes Gefühl allumfassender Akzeptanz und Zugehörigkeit, das Du auf der himmlischen Ebene erfahren hast. Dort musst Du nicht kämpfen, um »Dich selbst zu beweisen«, oder Dir irgendwelche Sorgen darüber machen, ob Du würdig bist, denn das Licht eines jeden strahlt gleichermaßen hell. Liebe ist ein ständiger Wasserfall der Fülle, daher gibt es auch keinerlei Konkurrenzkampf.
Und das ist es, woran Du Dich erinnerst, vielleicht auf eine zunehmend bewusste Weise. In der »wachen« Welt erlebst Du Momente, die diese Freuden widerspiegeln. Vielleicht durch ein Glas Wein, ein romantisches Rendezvous oder eine berufliche Leistung,

die Dir das flüchtige Gefühl des Glücks gibt, das Du suchst.

Noch länger andauernd ist die innige Beziehung zwischen Eltern und ihrem Neugeborenen, wo alle Hoffnungen erblühen und die Sorgen in weite Ferne rücken. Vielleicht erlebst Du diese reine Verbindung der Einheit auch mit einem Tiergefährten, in einer friedlichen Partnerschaft, oder während Du von einem Bergplateau den Sonnenuntergang betrachtest.

Dein vorrangiger, instinktiver Trieb ist nicht der nach Nahrung oder Macht, sondern nach einem Verschmelzen mit der Liebe. Du sehnst Dich danach, total akzeptiert und angenommen zu sein, und dazu gehört, dass Du Dich selbst total akzeptierst.

Wenn Du Dich nicht vollkommen akzeptiert fühlst, neigst Du dazu, Dir die Schuld daran zu geben. Vielleicht sorgst Du Dich um Deine sozialen Defizite und überkompensierst sie, indem Du versuchst, andere zu beeindrucken, womit Du Dich letzten Endes nur von Dir selbst ablenkst.

Oder vielleicht gibst Du einer anderen Person die Schuld, was in der Regel ein Weg ist, sich gegen verletzte Gefühle zu wehren. Die Wahrheit ist, dass das Tor zwischen Himmel und Erde sich scheinbar so schwierig öffnen lässt, dass die meisten Menschen in einer automatischen Reaktion der Angst ihre Herzen verschließen. Wir vergleichen es mit der Veränderung in der Atmosphäre, die Du spürst, wenn Du in einem Flugzeug schnell immer tiefer sinkst, oder auch beim Tauchen. Es ist eine Schwere, die auf den Abstieg in die dichte physische Umwelt zurückzuführen ist, und es fühlt sich an, als sei alles irgendwie ungeschickt und schwerfällig ... einschließlich Dir selbst.

Von Deinen Eltern lernst Du die Notwendigkeit, Dich vor angeblichen Gefahren zu schützen, mit anderen zu konkurrieren und der Erfüllung Deiner materiellen Bedürfnisse nachzujagen.

Und dennoch, während wir hier sind, um Dich zu lehren und zu führen, ist alles, was Du brauchst, bereits in Gedankenform in Dir vorhanden und wird sich rasch manifestieren. Dies ist für Dich ein Prozess des *Verlernens* und erinnert Dich daran, was Du vor Deiner irdischen Inkarnation gewusst hast.

Wir wollen Dich also zurückführen an den Ursprung Deiner Seele, um Dir zu helfen, Dich daran zu erinnern, wer Du bist, an Deine wahre Identität, und warum Du hier bist.

Wer oder was ist Gott?

Die traditionelle Vorstellung von Gott ist ein bärtiger Mann, der im Himmel auf einem Thron sitzt. Gott als Person zu sehen hilft vielen Menschen, eine engere Verbindung aufzubauen, so wie mit einem liebevollen Onkel, der nicht nur ein ausgezeichneter Zuhörer ist, sondern auch extrem hilfsbereit und immer zur Stelle. Sich Gott als jemanden vorzustellen, der weit entfernt auf einer Wolke thront, ist eine der Ursachen der »Vorstellung vom Getrenntsein«, der zufolge Menschen in der dichten irdischen Umgebung leben und Gott und die Engel in den unermesslichen Höhen des Himmels. Diese vermenschlichenden Projektionen waren ur-

sprünglich eine Möglichkeit, irdische Erfahrungen wie
zum Beispiel Unwetter, Erdbeben und Feuersbrünste
zu erklären. Romantische Geschichten über Götter und
Gottheiten gaben den Menschen das Gefühl, größere
Kontrolle über die Ereignisse des Lebens zu haben.
Aus dieser Denkweise entstanden die abergläubi-
schen Rituale mit dem Ziel, Gott zu beschwichtigen und seinen Schutz und seine Gunst zu erlangen.
Dem »Ursache und Wirkung«-Prinzip folgend wurde
Wissen überliefert. Wenn beispielsweise jemand eine
bestimmte Pflanzungszeremonie vornahm und dann
am nächsten Tag die Samen aus dem Boden sprossen,
wurde diese Zeremonie als Ursache gesehen und die
guten Ernten als Wirkung.
Weil Gottes schöpferische Energie *tatsächlich* wün-
schenswerte Resultate erzielt, verfestigte sich der
Glaube daran, dass man Gott erfreuen und beeinflussen kann. Religionen und Schriften über diese Glaubenssätze wurden geformt, um aufzuzeichnen, was
funktionierte und was nicht funktionierte. In seinem
tiefsten Kern ist dieses Dogma ein sehr liebevoller Akt,
andere wissen zu lassen, wie sie Gottes Segen teilhaftig
werden können.
Doch wie Du weißt, kann Religion zur Spiegelung
einer dichteren Energie von Angst werden. Wenn eine
Religion Angst predigt, um Gott zu gefallen, werden die Menschen ihrer bewussten Wahrnehmung der
Liebe Gottes beraubt.
Die Wahrheit liegt irgendwo in der Mitte, da es bestimmte Richtlinien gibt, die dem Menschen helfen
sein Leben so auszurichten, dass er sich Gott näher

fühlt. Einen klaren Kopf und ein ruhiges Gewissen zu haben, ohne »Störsignale« wie Angst, Wut oder chemische Stoffe, macht es definitiv leichter, die Wellenlänge von Gottes Botschaften zu verstehen.

Es ist nicht so, dass Gott eine bestimmte Lebensweise missfällt, denn Gott besteht aus reiner Liebe und nichts anderem. Wenn Du Dir einen nahtlosen Kreis vorstellst, in dem alles rein ist, bedeutet es, dass es keinen Raum für Unreinheit gibt. Wenn der Kreis ausschließlich von reiner Liebe erfüllt ist, dann kann er nicht gleichzeitig Vorurteile, Angst, Zorn oder irgendetwas anderes enthalten, das als »negativ« betrachtet werden kann.

Gott, der reine Liebe ist, sind Bewertungen, Angst, Wut oder Negativität fremd. Lehren über einen zornigen Gott basieren auf der Überzeugung, dass Gott aus Rache zerstört. Auf diese Weise hatten Eure Ahnen das Gefühl, die Zügel in der Hand zu halten. Denn so erklärten sie sich, warum die Ernte schlecht war oder warum es zu Naturkatastrophen kam. Obgleich sie Angst vor zukünftigen Zerstörungen durch einen »strafenden Gott« hatten, meinten sie dennoch, dass sie diese Probleme vermeiden konnten, indem sie Gott Opfer darbrachten.

Ursprünglich bedeutete Opfer buchstäblich das Blutvergießen von Tieren und zuweilen Menschen, als eine Möglichkeit, Gott »etwas« zu geben im Austausch für Gnade. Mit dem heutigen Verständnis erscheinen Blutopfer wie eine primitive und sinnlose Brutalität. Dennoch findet dieser uralte Aberglaube des Opfers in dem heute bekannten selbstaufopfernden Verhalten seine Fortsetzung, zum Beispiel indem die Menschen sich zuweilen grundsätzlichen emotionalen und physischen Bedürfnissen verweigern.

Es herrscht der Glaube, dass andere (einschließlich Gott) sich von Deinem Leiden rühren lassen und Dich verschonen. Dieser Glaube ist besonders ausgeprägt in menschlichen Beziehungen, wo Leiden mit Sympathie, Schmerzensgeld, Vergleichsvereinbarungen und der Pflege durch andere belohnt wird.

Zuweilen geschieht dieses aufopferungsvolle Leiden insgeheim und im Stillen. Ähnlich wie bei Herdentieren, die – wenn sie zeigen, dass sie krank sind – aufgrund des Selbsterhaltungstriebs der Herde verstoßen werden, um die Ausbreitung ansteckender Krankheiten unter den Tieren zu vermeiden. Auch Beutetiere verbergen ihre Krankheit oder Verletzungen, um nicht als schwach zu erscheinen.

Und genauso verdrehen die Menschen die Art, wie sie mit ihrem persönlichen Leiden umgehen. Manche zeigen ihr Leiden mit Stolz, wie ein Märtyrer, der ausruft: »Sieh' nur, was ich alles für Dich getan habe!«, während andere ihr Leid aus Scham verstecken oder ihre Mitmenschen nicht damit belasten wollen.

Leid zu verbergen oder zu ignorieren kann seine Auswirkung ein wenig lindern, denn es stimmt, dass alles, worauf Du Dich fokussierst, an Intensität und Stärke gewinnt. Still allein zu leiden kann jedoch ebenso die Dauer des Leidens verlängern. Andere – einschließlich uns Engel – um Hilfe zu bitten und diese Hilfe anzunehmen, kann die Intensität und Dauer des Schmerzes verringern.

Und dennoch sehen wir immer wieder Menschen, die diesen Weg des Friedens ablehnen, da sie Zweifel daran haben, Glück zu verdienen. Also wollen wir als Nächstes darüber sprechen, was Du wert bist.

Dein Wert und Selbstvertrauen

Wie wir immer wieder bekräftigen, bist Du von Gott erschaffen. Gott, der herrliche und allumfassende Schöpfer des Universums, hat *Dich* gemacht.

Gott hat alles und jeden mit Absicht erschaffen. Es gibt keine Zufälle oder »Ausschussware«. Alles und jeder ist genau richtig, um seine bestimmte Aufgabe zu erfüllen.

Gott hat nicht irgendwelche willkürlichen Teile genommen, um Dich zu erschaffen. Daher seid Ihr alle voll und ganz von Gott erschaffen.

Nicht nur ist jeder und alles von Gott erschaffen, sondern *in* Gott enthalten. Die grenzenlosen Weiten des Universums sind in Gott enthalten. Die winzigsten Quarks und Atome sind in Gott enthalten. Du bist in Gott enthalten, zusammen mit jedem anderen Menschen, Tier, Vogel, Fisch und Baum, mit dem ihr euer Zuhause teilt. Ein Zuhause, das weit über den Bereich eines einfachen Planeten hinausgeht. Ein Zuhause im Geiste und im Herzen Gottes, und genau dort bist Du auch jetzt, während Du diese Worte liest.

Was bedeutet, dass Du hier und jetzt in der Macht Gottes ruhst.

Du lebst in der Liebe Gottes.

Du lebst in diesem Augenblick in der Weisheit und Intelligenz Gottes.

Dein ganzes Wesen ruht in Gott. Es gibt keinen Teil von Dir, der von Gott getrennt oder von ihm entfernt ist.

Da Gott sich kontinuierlich im Zustand reiner bedingungsloser Liebe befindet und diese Liebe ausstrahlt, badest Du fortwährend in der höchsten Frequenz von Liebe. Du bist jetzt, in diesem Moment, buchstäblich im Himmel!

Und wenn es sich nicht so anfühlt, ist dies ein Zeichen, dass der niedere Weg der Angst eingeschlagen wurde. Die meisten Menschen befinden sich auf diesem Weg und ermutigen andere, es ihnen gleichzutun. Die täglichen Dramen halten die Angst aufrecht, und das Bewusstsein um diese Dramen wird als menschliches Zeichen von Intelligenz verstanden.

Nicht nur werden wir Dir helfen, den Weg der Liebe zu wählen – wir werden gleichzeitig den Weg der Angst für Dich auflösen, sodass er nicht länger eine Option ist.

Der Vergleich mit einem »Weg« ist jedoch nicht hundertprozentig zutreffend, denn er impliziert, dass Du auf einer Reise bist oder Dich auf irgendetwas hin bewegst. Wie könnte jemand, der bereits im Zustand höchsten Wissens, in Liebe und Weisheit lebt, reisen, wachsen oder Fortschritte machen müssen? Das ist nur in der traumähnlichen Illusion der Dualität möglich – so wie in einem Albtraum, wo Du versuchst, vor einem Monster zu fliehen oder Deinen Weg nach Hause zu finden, nachdem Du Dich verlaufen hast. Wenn Du aufwachst, erkennst Du, dass es keine Monster gibt und Du bereits zu Hause bist.

Selbstvertrauen hat nichts mit Deiner individuellen Identität zu tun, sondern damit, wer Du bist und wo Du lebst. Du bist die Schöpfung des allmächtigen Gottes, der – wie jeder liebevolle Elternteil – will, dass alle Deine Bedürfnisse erfüllt werden.

Du fühlst und hörst die Gedanken Gottes, die für dich in aktive Schritte übersetzt werden, die Du als Mensch vornehmen kannst. Vielleicht führen einige dieser Schritte zu einer erfüllenden Karriere oder anderen Erfahrungen, die Deinen Weg der Liebe unterstützen.

Wenn Gott Dir eine himmlische Aufgabe überträgt, kannst Du sicher sein, dass Du eigens dafür auserwählt wurdest und Dir im Laufe der Zeit genau erklärt wird, wie Du diese Aufgabe erfüllen kannst. Solange Du hinhörst und den Anleitungen folgst, ist ein »Versagen« unmöglich. Der Erfolg Deiner Mission ist gesichert.

Glaube und vertraue Gottes himmlischen Anweisungen, die Dich immer auf dem Weg der Liebe führen werden.

Der Begriff der *Unwürdigkeit* unterstellt, dass ein Mensch würdiger und verdienstvoller ist als ein anderer, was ein auf Angst basierender Gedanke der Dualität ist. Die spirituelle Wahrheit lässt sich durch das Gleichnis der Sonne veranschaulichen, die kontinuierlich Strahlen des Lichts aussendet. Streiten die Pflanzen darüber, ob sie es »verdienen«, das Sonnenlicht zu empfangen? Nein, denn sie brauchen das Licht. Und Du brauchst es ebenso.

Wenn Du von Gott Hilfe in Form wunderbarer Erlebnisse empfängst und Deine Bedürfnisse erfüllt werden,

bist Du wie eine Pflanze, die dankbar das Sonnenlicht in sich aufnimmt. Was Dir erlaubt, stark zu sein und Deine Kraft mit anderen zu teilen.
In dieser Hinsicht geht es bei dem Begriff »Verdienen« nicht ausschließlich darum, dass Du auf individueller Basis etwas empfängst. Es hat nichts mit Selbstsüchtigkeit zu tun. Genauer gesagt bedeutet »Verdienen«, Dir selbst zu erlauben, die erhebende Liebe zu empfangen, die Gott ununterbrochen ausstrahlt. Und so wie Du empfängst, inspirierst, erhebst und hilfst Du gleichzeitig anderen. Je mehr Du Dir erlaubst zu empfangen, desto mehr kannst Du geben.

Leiden ist physisch, aber nicht spirituell real

Lass uns jetzt zurückkehren zu der Diskussion über Deinen Schöpfer und die wahre Natur Deines Wesens und der Welt, die Du erlebst …
Wir sind übereingekommen, dass Gott reine Liebe ist, ohne Raum für irgendetwas Negatives. Viele haben bei all dem menschlichen Leid die logische Frage gestellt: Wo ist Gott? »Warum hat er dieses Leid nicht verhindert oder geheilt?« ist ein Schrei, den wir häufig hören und hier beantworten möchten.
Als Erstes möchten wir sagen, dass dieses Kapitel manche Menschen erzürnen oder schockieren kann, doch es ist die spirituelle Wahrheit. Bitte lies den ganzen Abschnitt, um ihn zu verstehen:
Gott sieht oder kennt kein Leid.
Der Grund dafür ist, dass Gott reine Liebe ist und dass er nur reine Liebe kennen und sehen kann. Jegliches

Wissen um Leiden würde implizieren, dass ein Teil Gottes weniger ist als reine Liebe – was schlicht unmöglich ist.

Gott sieht allwissend Dich und jeden, wie Ihr seid: Strahlende Wesen reiner göttlicher Liebe in jedweder Form. Was bedeutet, dass Du unter anderem stark, mächtig, weise, intelligent, kreativ, liebenswert, reich, gesund und im Gleichgewicht bist.

Ebenso sieht und erlebt Dein wahres Selbst, auch als Dein höheres Selbst bekannt, kein Leid. Was nicht heißen soll, dass Leid oder Schmerz nicht physisch real ist, denn wir Engel beobachten diese Verirrungen immer wieder. Leid ist in spiritueller Hinsicht nicht real, doch es ist physisch real, und Du wirst sehen, wie das Begreifen dieses Unterschiedes zu Heilung, Sicherheit und Frieden führt.

Alles Leid auf der Welt ist auf das Gegenteil dessen zurückzuführen, was Gott ist: Angst, in all ihren Formen, wie Schuld, Eifersucht, Konkurrenzdenken, Mangeldenken und Ähnliches. Es handelt sich hierbei um eine Form von Vergesslichkeit, bei der Menschen die Macht reiner Liebe vergessen, die ihre wahre Identität ist. Von diesem Moment an werden alle ihre Handlungen von Hilflosigkeit und Ohnmacht bestimmt.

Der Traum der Angst

Natürlich ist es in Wahrheit für Gottes Geschöpfe unmöglich, hilflos oder machtlos zu sein. Gott verlieh Dir und jedem Menschen dieselben und gleichermaßen vollkommenen spirituellen Gaben, die dem ähnlich sind, was Du »Superkräfte« nennen würdest, da sie Dir erlauben, durch fokussierte Absicht auf die gleiche Weise schöpferisch tätig zu sein wie Gott.

Genau genommen sind wir Engel und der Heilige Geist die »Brücke« zwischen Gottes reinem Bewusstsein der Liebe (das auch Dein eigenes reines Bewusstsein der Liebe ist) und der Welt des Leidens und der Dualität. Wir können beides sehen, die spirituelle und die physische Realität der Manifestationen von Liebe und Angst. Wir Engel sind als Vermittler gesandt, um Deine Schwingung auf die höchste Ebene zu bringen. Obwohl wir – genau wie Du – Eins sind mit Gottes höchster und reinster Schwingung der Liebe, können wir uns in den Albtraum der Dualität versetzen. So wie die ineinander übergehenden Farben im Inneren eines Regenbogens sind wir in der Lage, mit den dichten Schwingungen zu verschmelzen, um Dich mit den höheren Schwingungen zu verbinden.

Daher ist es zuweilen leichter, einen Engel oder den Heiligen Geist zu spüren und zu hören, während Gott weit weg zu sein scheint. Was nur daran liegt, dass Deine Fokussierung auf die Angst zu einer niedrigeren Schwingung führt, die sich nicht bewusst mit der höchsten Schwingung reiner Liebe verbindet.

Wenn Du in Gedanken oder Gefühlen voller Angst gefangen bist, scheint Gott sehr fern zu sein. Du fühlst Dich wie ein Kind, das in Panik verfällt, weil es von seinen Eltern getrennt wird. Doch Gott ist niemals weit weg, da er allgegenwärtig ist (was bedeutet, dass er »überall« ist). Gott lebt in Deinem Inneren sowie im Inneren jedes Menschen und jeder Situation.

Es gibt nicht einen einzigen kleinen, winzigen Raum, wo Gottes Liebe nicht existiert – außer im Traum der Angst. Und da dieser Traum in spiritueller Wahrheit nicht real ist, ist auch Angst nicht real.

Und was ist mit der Angst vor tödlicher Gefahr oder davor, dass Deine physischen Bedürfnisse nicht erfüllt werden? Dies sind körperliche Sorgen, über die wir mit Dir gleich sprechen werden. Doch für den Moment wisse, dass Dein wahres Selbst keine Sorgen, Ängste oder Befürchtungen kennt, Deinen Körper zu schützen oder zu ernähren. Alle diese Sorgen sind ein Produkt Deines kleineren, ängstlichen Selbst.

Wir Engel und der Heilige Geist besitzen die Fähigkeit, in Deinen Traum der Angst hinabzusteigen, Dich zu retten und zu Deinem wahren Selbst und damit zu dem reinen Bewusstsein der Liebe zurückzuführen. Wir sind die Ritterschaft Gottes, auf eine Mission gesandt, um Dich in Deinem wahren Selbst zentriert zu halten und aus den Albträumen von Schmerz, Leid und anderen Aspekten der Angst zu wecken.

2

Warum 2 und 2 nicht 3 ergibt

Eine Botschaft über den freien Willen

Vielleicht hast Du schon gehört, dass Ängste wie eine selbsterfüllende Prophezeiung funktionieren können, was zum Teil auch zutrifft. Jedoch gibt es einen wichtigen Aspekt, der der Erklärung bedarf, nämlich dass Angst – da sie nicht real ist – keine wahre schöpferische Kraft besitzt. Nur das, was Gott erschaffen hat, kann selbst erschaffen.

Die Konzentration auf Angst kann also scheinbar ein beängstigendes Erlebnis zur Folge haben. Tatsächlich ist ein angsterfülltes Bewusstsein aber eine Form von *Nicht-Bewusstsein*. Wenn es deinem Bewusstsein an Liebe mangelt, ist Dein Leben wie ein Schiff ohne einen Kapitän am Steuer, den unberechenbaren Stürmen des Lebens schutzlos ausgeliefert. Die Strömungen und Untiefen werden es von seiner vorgesehenen Route abbringen.

In unserem Gleichnis wären diese Strömungen die angsterfüllten Energien Deiner eigenen Gedanken und jener anderer Menschen. Es ist nicht so, dass Du leidvolle Umstände erschaffst oder anziehst, denn Deine göttliche schöpferische Kraft kann nichts erschaffen, was nicht aus liebevoller Energie besteht. Es ist nur so, dass Deine mangelhafte Wahrnehmung der allgegenwärtigen Liebe Dich empfänglich macht für negative Energien. Auch hier verhält es sich so wie bei dem Gleichnis mit dem Schiff ohne Kapitän.

Jetzt könntest Du vielleicht folgerichtig fragen: *Wenn Liebe tatsächlich alles durchdringt, wie ist es dann möglich, dass sich jemand auf etwas anderes als Liebe fokussieren kann?* Das bringt uns zur Natur der physischen Welt, die wir etwas später näher erforschen werden. Für den Moment möchten wir uns lieber auf Deine persönliche wahre Identität konzentrieren. Lass uns damit beginnen, indem wir uns das Konzept des »freien Willens« anschauen.

Die Wahrheit über den freien Willen

Die meisten Menschen verstehen den freien Willen als die Fähigkeit, ihre eigenen Entscheidungen zu treffen. Tatsächlich hast Du wahrscheinlich schon gehört, dass Gott den Menschen einen freien Willen gegeben hat und dass der Grund, warum ein Mensch leidet, darin zu suchen ist, dass Gott sich nicht in die freiwillig getroffenen Entscheidungen der Menschen einmischen kann, ohne dass sie ihr Einverständnis erklären. Dies ist eine korrekte, wenn auch stark vereinfachte Art, den freien Willen zu definieren.

Hier nun die detailliertere Erklärung: Freier Wille bedeutet, dass Du entweder in der realen Welt die Energie der Liebe verwendest, um etwas zu erschaffen, oder etwas in der Traumwelt gestaltest, das keinen Bestand hat. Du kannst vorübergehend Dinge innerhalb des Traums erschaffen, die Du vielleicht als aufregend empfindest. Doch sobald Du aufwachst, lösen sich die Traumfiguren auf und verschwinden dahin, wo sie hergekommen sind: ins Nirgendwo. Dies führt zu einer Achterbahn der Gefühle, wo Du in einem Moment furchtlos bist und im nächsten voller Angst.

In Wahrheit bedeuten freiwillige Entscheidungen, dass Du wählen kannst, auf welchen Aspekt der Liebe Du Dich fokussieren willst. So wie die verschiedenen Farben zusammen einen Regenbogen ergeben, verhält es sich auch mit den verschiedenen Variationen von Liebe, wie Dankbarkeit, Anerkennung, Mitgefühl und Fürsorglichkeit.

Wenn Du die Entscheidung triffst, Dich auf die Liebe zu fokussieren, erschaffst Du Dinge, die sinnvoll und segensreich sind für Dich und andere. Du bist die Sonne, deren Strahlen des Lichts andere wärmt und erleuchtet.

Die Entscheidung für die Liebe löst die höchste Schwingung aus, die Dich wiederum mit den am höchsten schwingenden Ideen und Erkenntnissen verbindet. Du empfängst sowohl brillante Ideen und Offenbarungen als auch ganz praktische Anleitungen, die Dir im täglichen Leben helfen.

Warum es zuweilen den Anschein hat, dass Gebete nicht erhört werden

Im Zusammenhang mit dem freien Willen soll auch die Frage geklärt werden, warum es manchmal so scheint, als würden Gebete nicht erhört oder beantwortet werden. In den meisten Fällen begegnet uns diese Form menschlicher Frustration, wenn jemand für die Gesundheit einer geliebten Person betet.

Es ist von großer Bedeutung zu verstehen, dass die Entscheidungen, die ein Mensch bezüglich seiner Gesundheit und Lebensspanne trifft, sehr persönlicher Natur sind. Es handelt sich dabei um Entscheidungen des freien Willens, basierend auf den unterschiedlichsten Faktoren.

Wenn sich Menschen in einer ernsten Gesundheits-
krise befinden, ist ihr Bewusstsein bereits bei uns im
Himmel, wie in einem andauernden Traumzustand.
In diesen traum-bewussten Momenten zeigen wir diesen Menschen ihre verschiedenen Optionen. Sie sehen
nicht nur, wie es wäre, wenn sie sich für den Weg der
Genesung entscheiden würden, für den Übergang in
den Himmel oder andere Möglichkeiten, sondern sie
erleben es auch.

Sie erleben vorzeitig, wie sich diese Entscheidung auf
ihre Familie und Freunde auswirken würde. Zum Beispiel wird jemand, der in einen schweren Unfall verwickelt war, sehen und entscheiden, ob es besser ist,
mit einer Behinderung zu leben und das Risiko einzu-
gehen, die Lebensweise seiner Familie zu beeinträchti-
gen, oder physisch zu sterben und damit seine Familie
in Trauer zu stürzen. Jeder Mensch wägt diese Optionen mithilfe seiner himmlischen Gefährten ab.

Sei versichert, dass keine Entscheidung für das Leben
oder für das Sterben jemals leichtfertig getroffen wird.
Wenn jemand entschlossen ist zu bleiben, wird genau
das der Fall sein – das ist dann der Moment, in dem
Menschen erklären, dass ihre Gebete erhört wurden.

Gebete geben den Menschen die Kraft, sich zu entscheiden, zu bleiben – und leidenschaftliche Gebete
helfen ihnen darüber hinaus zu erkennen, wie sehr ihre
Familie und Freunde sie lieben.

Alle Gebete werden gehört, gefühlt und empfangen.
Wenn Du für die Gesundheit eines anderen betest, ist
es, als würdest Du ihn mit der warmen Energie der
Liebe zudecken… vorausgesetzt, dass Deine Gebete

ausschließlich auf Deinem Wunsch für das Wohlergehen des anderen beruhen.

Genau wie beim Akt des Gebens können auch Gebete
von Liebe oder Angst motiviert sein. Wenn Du also für
die Gesundheit eines Menschen betest, weil Du nicht
möchtest, dass er leidet und Dir sein Glück und seine
Lebensaufgabe am Herzen liegen, ist dies ein auf Liebe
beruhendes Gebet, das den anderen aufbauen und ihm
guttun wird. Wenn Du jedoch für seine Gesundheit betest, weil Du Angst hast vor den Konsequenzen, die
sich daraus für Dich ergeben, ist es ein Gebet, das auf
Angst basiert.

Du wirst immer das zurückbekommen, was Du gibst.
Daher kann es den Anschein haben, dass Gebete ignoriert werden, nur weil in Wahrheit niedrig-schwingende Gebete in den dichteren Schwingungen der irdischen Ebene verbleiben. Das ist so, als würde man
etwas erzwingen wollen. Du kannst versuchen, einem
Wunder hinterherzujagen oder es zu erzwingen, doch
das Resultat wird eine Schimäre materieller Illusion
sein, weder befriedigend noch von dauerhafter Wirkung.

Wie also betest Du für Dich selbst mit selbstloser
Liebe? Was ist, wenn Du wirklich etwas brauchst? Ist
das egoistisches, auf Angst basierendes Beten?

Dies sind berechtigte Fragen, die wir als Nächstes näher erforschen werden.

Auf Liebe basierendes Gebet

So wie Du anderen etwas gibst, gibst Du auch Dir selbst etwas aufgrund Deiner Entscheidung für den Weg der Liebe oder den der Angst. Genauso verhält es sich, wenn Du für Dich selbst betest.

Während Du betest, sei Dir der Absichten bewusst, die Deinen Gebeten zugrunde liegen. *Warum* betest Du für etwas? Ist es ein auf Angst basierender Grund, wirst Du erkennen, dass Du der Überzeugung bist, Dir mangele es an etwas, das von außen erfüllt werden kann. Wenn Du zum Beispiel glaubst, dass Du kein Glück hast und um ein Objekt oder ein Ereignis betest, damit es Dir Glück bringt, kann dieses Gebet nicht beantwortet werden.

Manchmal scheint es Dir vielleicht, dass Deine Gebete blockiert oder aufgehalten werden. Das geschieht jedoch nicht wegen einer universalen Blockade oder weil Gott Dir seine Antwort »vorenthält«, sondern weil Du auf Abwege geraten bist und Dich nicht mehr auf die Liebe fokussierst.

Das entspricht der Forderung, dass 2 und 2 = 3 ergibt. Egal wie sehr Du Gott anflehst und Opfer bringst, 2 plus 2 kann nie 3 ergeben. Für eine äußere Belohnung zu beten, um Glück, Erfüllung oder Frieden zu erlangen, wird nie zu dem gewünschten Ergebnis führen. Und weil dem so ist, glaubst Du vielleicht, dass Dein Flehen ignoriert wird und Du feststeckst. Wie Du an dem arithmetischen Beispiel sehen kannst, werden Deine Gebete nicht ignoriert. Sie kommen einfach nicht an.

Ähnlich verhält es sich, wenn Du genau beschreibst, *wie* Deine Gebete beantwortet werden sollen. Wenn Du Dir zum Beispiel ein neues Haus wünschst, betest Du vielleicht für einen Gewinn im Lotto, um das nötige Geld zu haben. Was im Grunde genommen bedeutet, dass Du Gott ein Drehbuch vorgibst, in dem genau steht, wie Du Dir das Ganze vorstellst.

Die Angst in diesem Szenario manifestiert sich als mangelndes Vertrauen in Gottes grenzenlose Weisheit (die eins ist mit der Wahrheit Deines wahren Selbst). Es besteht die Befürchtung, dass Du keine Hilfe im Hinblick auf Deine Wohnungswünsche erhältst, es sei denn, Du gibst Gott Ratschläge, wie er dieses Gebet erfüllen soll.

Wenn Du um Dein eigenes Wohlergehen betest und dabei den Weg der Liebe beschreitest, bist Du erfüllt von Dankbarkeit und dem Vertrauen, dass Gott Deine irdischen Bedürfnisse erfüllt. Es ist ein freudiges *Halleluja!* im Wissen darum, dass Gott Dich zu einem wundervollen neuen Zuhause führen wird, wo Deine Arbeit anderen Menschen Segen bringen wird.

Bei auf Liebe basierenden Gebeten hast Du totales Vertrauen in Gottes Weisheit, sich um alle Details zu kümmern. Und da der ewige Geist Gottes mit Deinem verschmolzen ist, empfängst Du unmittelbare Führung, wann immer Du aktiv werden musst. Zum Beispiel hast Du vielleicht das ausgeprägte Gefühl, beim Autofahren eine bestimmte Route nehmen zu müssen. Indem Du dieser Führung folgst, findest Du – *voilà!* – ein wundervolles Haus in Deiner Preisklasse.

Sagen wir, Du wirst göttlich angeleitet, ein Heiler zu sein. Vielleicht hast Du Deine heilsamen Fähigkeiten

schon Freunden und Haustieren zugutekommen lassen oder Heilen zu Deinem Beruf gemacht. Du erlebst große Freude, wann immer Du irgendetwas unternimmst, das mit Heilung zu tun hat. Dies ist es, was
wir eine auf Liebe basierende Absicht nennen.

Wenn Du andererseits jedoch Zweifel hast an Deiner
Berufung zum Heiler, bedeutet es, dass Du vom Weg
der Liebe abgekommen bist. Du magst unbewusst nach
äußeren Möglichkeiten suchen, Deine Heilungsfähig-
keiten zu bestätigen, zum Beispiel indem Du – aufgrund Deiner Unsicherheit ganz alleine – beschließt,
ein »Heilungszentrum« einzurichten, ein Buch heraus-
zugeben, einen akademischen Titel zu erwerben oder
irgendeine andere Art äußerer Bestätigung, bevor Du
fähig bist, der Heiler zu sein, der Du mit Gottes Führung sein kannst.

Solche Gebete werden nicht in Form eines Flaschen-
geistes beantwortet, der Deinen Wunsch erfüllt – denn
auch hier ist es dasselbe, als würdest Du fordern, dass
2 + 2 = 3 ergibt.

Die einzige Art von Gebet, die erhört wird, ist eine
auf liebevolle Absichten beruhende Bitte, bei der Du
die freudige Absicht hast, Deine Freude, Dein Licht,
Deine heilende Energie und weitere positive Sachen
mit anderen zu teilen.

Nun, ein Heilungszentrum zu eröffnen, ein Buch he-
rauszugeben und einen akademischen Grad zu erwerben sind nur dann angstbasierte Wege, wenn Du Dir
diese Dinge wünschst, *weil* Du Angst hast. Wenn Du
im Gegensatz dazu von Freude erfüllt zu diesen Unternehmungen angeleitet wirst, bedeutet es, dass es Dein

auf Liebe basierender Weg ist. Selbst auf dem Weg der Liebe kann es passieren, dass Du Unsicherheiten und Selbstzweifel erlebst. Der Schlüssel zur Bewältigung dieser Ängste liegt in der Art, wie Du mit ihnen umgehst: auf eine innerliche Weise, indem Du auf Deine innere Stimme hörst und etwas unternimmst, um Dich zu beruhigen; oder auf eine äußerliche Weise, indem Du beschließt, durch eine »Errungenschaft« Dein Ego zu stärken.

Das Zentrum des Weges der Liebe liegt in Deinem Inneren, während der Weg der Angst nach äußeren Lösungen sucht. Vielleicht *fühlst* Du unsere Worte, während wir Dir diese Unterschiede zwischen Liebe und Angst erläutern. Die höhere Schwingung der Liebe ist immer harmonisch, wie eine angenehme Melodie. Liebe fühlt sich warm, sicher und zärtlich an, während der Weg der Angst sich »irritierend« anfühlt, als wäre irgendetwas falsch.

Um noch einmal auf unser Heilungs-Beispiel zurückzukommen: Ein auf Liebe beruhendes Gebet würde darin bestehen, dass Du den Himmel um göttliche Aufgaben bittest, damit Du andere heilen kannst. Du vertraust darauf, dass Gott genau weiß, wem Deine heilende Energie zugutekommen könnte und wo Du sie am besten einsetzt. Du vertraust darauf, dass jeder Mensch, der zu Dir kommt, um Heilung zu erfahren, von Gott geschickt ist. Diese heilsamen Anwendungen können in einer zwanglosen, informellen Umgebung stattfinden, da der *Ort* unwichtig ist. Darüber hinaus musst Du Dir keine Sorgen wegen einer finanziellen Honorierung Deiner Heilungsarbeit machen, weil Du weißt, dass –

solange Du durch die Türen gehst, die Gott für Dich öffnet – alle Deine irdischen Bedürfnisse erfüllt werden. Was nicht bedeuten muss, dass Gott Dich mit Reichtümern überschütten wird, da der auf Liebe basierende Weg in der Regel mit einer einfachen Lebensführung einhergeht. Natürlich wird Dir ein sicherer und angenehmer Ort zum Leben bereitgestellt, sowie alles, was Du für Deine göttlich geführte Arbeit brauchst (nicht unbedingt alles, was Du willst). Doch ins Auge fallende Äußerlichkeiten, geschaffen, um Eindruck zu erwecken, sind immer Zeichen eines angstbasierten Weges und nicht etwas, das Gott für Dich vorgesehen hat. *Wenn Du über Deine finanziellen Möglichkeiten lebst, um etwas anzuschaffen, von dem Du glaubst, dass es andere Menschen beeindrucken wird, handelt es sich um einen Weg mit niedrig schwingender Energie – was stets zu weiteren Erfahrungen von Mangel und häufig zu Schmerz und Drama führt.*

Die niederen Wege der Angst und Unsicherheit können Dich nie zu den höheren Wegen bringen, die Du gehen möchtest. Der Weg der Angst führt nie zu dem, was Du suchst. Auch wenn er stets Glück verspricht, wartet er stattdessen mit Leere und Einsamkeit auf. Äußerlichkeiten sind Luftspiegelungen und Illusionen ohne echte Energie.

Vergib Dir selbst, wenn Du dem Weg der Angst gefolgt bist, wie es den meisten Menschen ergeht. Solange Du Dir seiner Auswirkungen *bewusst* bist, ist es letzten Endes eine nützliche Erfahrung gewesen.

Auf dem Weg der Liebe ist Deine ungeteilte Aufmerksamkeit darauf gerichtet, voller Freude Deinen intuitiven Botschaften zu folgen und Deine gottgegebenen Gaben zu teilen – eingetaucht in Liebe anstatt Unsicherheit, Schuld, Verpflichtungen, Konkurrenzdenken, Rivalität oder anderen Formen der Angst.

Segnungen auf dem Weg der Liebe

Einer der am meisten geschätzten Vorteile, wenn man dem Weg der Liebe folgt, besteht darin, dass Du aufhörst, Zweifel an Dir selbst und Deinen Ideen zu hegen. Vielmehr hast Du volles Vertrauen in die hochschwingenden Ideen und darauf, dass Du geführt werden wirst – einen Schritt nach dem anderen – um sie zu verwirklichen.

Vergleiche diese auf Liebe basierende Sichtweise mit einer auf Angst basierenden, die in der Regel damit beginnt, etwas bekommen oder erreichen zu wollen aufgrund der Überzeugung, von Gott und anderen Menschen getrennt zu sein. Zum Beispiel fühlst Du Dich vielleicht gesellschaftlich unsicher und glaubst, dass andere Dich verurteilen oder meiden. Also versuchst Du, dieses Gefühl zu kompensieren, indem Du Dir etwas zulegst oder angewöhnst, was Dir das Gefühl gibt, »besonders« zu sein.

Nun, »besonders« ist das Gleiche wie »getrennt«, und beide Zustände führen zu tiefer Einsamkeit, indem Du Dich von Gott und anderen Menschen isoliert fühlst. Du kriegst »Heimweh nach dem Himmel«, weil Deine Seele sich an das köstliche Gefühl von Sicherheit, Geborgensein und dem Eins-Sein mit allem erinnert. Verzweifelt fängst Du an, nach diesen himmlischen Ge-

fühlen zu suchen, und bist frustriert darüber, dass sie
so flüchtig und schwer erreichbar sind. Du sehnst Dich
danach, Dich mit Gott, anderen Menschen und dem
Gefühl zu verbinden, geliebt zu werden.

Die angstbasierte Herangehensweise behauptet, dass
Du dieselben himmlischen Gefühle haben wirst, wenn
Du Menschen dazu bringen kannst, Dich zu bewundern, neidisch auf Dich zu sein oder so sein zu wollen
wie Du. Also arbeitest Du hart dafür, Dir das schönste
Haus, die tollsten Kleider und teure Autos leisten zu
können sowie einen akademischen Titel und andere
Auszeichnungen zu erlangen. Und vielleicht gibt Dir
das *tatsächlich* ein Gefühl, etwas geleistet zu haben und
darauf stolz zu sein.

Und ja, andere Menschen werden sich wahrscheinlich
zu Dir hingezogen fühlen. Doch ist es durchaus möglich, dass sie von dem angezogen werden, was Du ihrer
Meinung nach für sie tun kannst. Auch sie sind verloren und fühlen sich von ihrer Quelle getrennt; auch sie
haben ihre gottgegebene Identität und Macht vergessen. Also suchen sie nach äußeren »Quellen« und fühlen sich zu jemandem hingezogen, der Macht, Prestige,
Reichtum, Fülle etc. zu haben scheint.

*Hier ist Gottes Wahrheit: Nichts in dieser materiellen
Welt wird Dich je dauerhaft glücklich machen. Nichts,
was von außen kommt, führt zu innerem Glück. Diese
Erkenntnis kann Dich zu Beginn depressiv machen.
Doch bald wirst Du sehen, wie glücklich und froh Du
bist, weil die Jagd vorbei ist. Die teure, zeitraubende,
chaotische Jagd nach dem Glück hat endlich ein Ende
gefunden.*

Der Versuch, die Anerkennung anderer Menschen zu gewinnen oder zu kaufen, entfernt Dich vom Weg der Liebe, der Dich zu wahrhaft erfüllenden und harmonischen Beziehungen führen kann. Wenn andere Dich verurteilen, ist das eine energetisch niedrig-schwingende Entscheidung ihres freien Willens. Diese Personen Deinerseits zu verurteilen oder den Versuch zu machen, ihre Wertschätzung zu erlangen, bedeutet, sich auf die gleiche niedrig-schwingende Ebene zu begeben.

Entscheide Dich stattdessen für die Schwingung der *Liebe*. Erinnere Dich wieder an die wahre, wesentliche, spirituelle Identität jedes Menschen. Weigere Dich, den niedrig-schwingenden Weg zu gehen! Entscheide Dich für den Königsweg, indem Du Dich auf die Realität Gottes fokussierst. Sieh' nur Liebe in Dir selbst und anderen, und die angstbasierten Beziehungen werden heilen oder sich auflösen. Entweder wirst Du andere inspirieren und sie auf die Ebene der Liebe ziehen, oder sie werden – falls sie aus freiem Willen eine andere Entscheidung treffen – den Weg der Angst einschlagen. Wir Engel kommen als Wesenheiten in Deinen Traum, in dem Du auf einem Planeten voller Gefahren und kalter, gefühlloser Fremden gestrandet bist. In Deinem Traum geleiten wir Dich zurück zu dem Bewusstsein um Dein himmlisches Zuhause mit Gott. Du bleibst weiterhin in Deinem physischen Körper; jedoch findet eine Veränderung statt, wobei Du den Pfad der Angst gegen den der Liebe eintauschst, um anderen Träumenden zu helfen. Du gehst von Selbstsucht über zur Selbstlosigkeit.

Wir haben die folgende Formulierung bewusst gewählt, um Dich froh zu stimmen, Dich zu ermutigen, sie Dir immer wieder selbst vorzusagen: »Ich bin voll und ganz gesegnet.« Fühle, wie Dein Herz, von Dankbarkeit erfüllt, sich weit öffnet, während Du die Worte wiederholst: »Ich bin voll und ganz gesegnet, ich bin voll und ganz gesegnet, ich bin voll und ganz gesegnet.«
Und ja, es ist tatsächlich wahr, dass Du *voll und ganz* gesegnet bist! Wie hätte Gott Dich anders erschaffen können? Indem Du affirmierst, dass Du gesegnet bist, wandelst Du Deinen tiefsten physischen Kern in eine mehr kristalline, hoch-schwingende Energie um. Der leicht abgewandelte Spruch »Die Reichen werden reicher« trifft auf Dich zu, da Du wie ein Magnet immer mehr Segnungen anziehst.

Selbstsucht, Selbstlosigkeit und Aufopferung

Mit all den Segnungen, die Dir auf Deinem Weg der Liebe zuteilwerden, fühlst Du dich automatisch dazu angeleitet, sie mit anderen zu teilen. Jetzt ist der Moment gekommen, um Dir den Unterschied zwischen dem Hilfeleisten auf dem Weg der Liebe und dem »Helfen« auf dem Weg der Angst zu erklären.
Beim liebebasierten Helfen wirst Du dank Deines offenen Herzens innerlich angeleitet, materiell, energetisch oder emotional anderen (und dazu gehören sowohl Tiere als auch die Umwelt) etwas zu geben. Du fühlst Dich selbst noch mehr von Freude erfüllt, weil Du anderen hilfst, Freude zu empfinden. Es geht um *sie* anstatt darum, »andere dazu zu bringen, mich zu mögen«.

Sieh' Dich selbst als eine Kerze, die ihre Flamme benutzt, um andere Kerzen zu entzünden. Deine Flamme verliert nicht an Kraft, wenn sie die anderen Dochte entflammt. In Wahrheit wird Dein Licht sogar vervielfacht, da andere Kerzen ihr Licht ebenso hell erstrahlen lassen.

Vergleiche dies mit »hilfreichen« Aktionen, die auf dem niedrig-schwingenden Weg der Angst vorgenommen werden. Dazu gehört, anderen zu helfen, weil Du ein Gefühl der Schuld, der Verpflichtung oder der Angst, dass sie Dich vielleicht nicht mögen oder Dich verlassen werden, wenn Du ihnen nicht hilfst, verspürst. In diesem Szenario gibst Du anderen ein wertloses – oder schlimmer noch, schädliches – Geschenk. Es ist so, als würdest Du ihnen ein Paket voller Angstenergie reichen. Diese Form des Gebens ist ohne Liebe, daher sind die Resultate weder befriedigend noch dauerhaft.

Was Du gibst, bekommst Du in gleicher Weise zurück. Wenn Du Liebe gibst, wirst Du Liebe empfangen. Wenn Du Angst gibst, wirst Du Angst empfangen. Vielleicht nicht von derselben Person, der Du das eine oder andere gegeben hast, doch in irgendeiner Form kommt wie ein Bumerang stets genau die gleiche Energie zurück.

Selbstaufopferung als höchstes Zeichen der Liebe anzusehen und als eine Methode einzusetzen, um Gnade zu erlangen, entspringt ebenfalls dem niedrig schwingenden Weg der Angst. Es besteht der Aberglaube, dass Du für Dein Märtyrertum belohnt wirst, oder dass Du ein »besserer Mensch« bist, weil Du anstatt an Dich an andere gedacht hast.

Doch ist Leiden und Aufopferung wirklich ein »selbstloser« Akt der Nächstenliebe? Wenn das Geben mit Hintergedanken verbunden ist (*Ich hoffe, Anerkennung, Liebe oder andere Belohnungen zu empfangen*), ist es kein Ausdruck der höchsten Ebene reiner Liebe. *Wahre Selbstlosigkeit hat nichts mit dem Gedanken daran zu tun, was Du empfangen wirst. Der Akt des Gebens aus Liebe ist so freudig und beglückend, dass er seine eigene Belohnung ist.*

Auf Liebe basierendes Geben ist immer göttlich geführt. Was bedeutet, dass Du einen intuitiven Gedanken oder das Gefühl wahrnimmst, jemandem in Not zu helfen. Diese Intuition in die Tat umzusetzen führt in der Regel zu dem Gefühl von Synchronizität und dazu, dass »etwas Magisches« passiert.

Dieses Hochgefühl, wenn Du anderen aus einem reinen Akt der Liebe etwas gibst, ist die direkte Verbindung zum Himmel und der Glückseligkeit, die Du suchst. So lange Du aus Liebe gibst, wird Dir zur Belohnung stets diese nachhaltige Befriedigung zuteil. Du verspürst kein Bedürfnis mehr nach äußerlichen Belohnungen oder Anerkennung mehr.

»Selbstsucht« oder Egoismus ist ein auf Angst basierender Weg, geboren aus der Annahme, dass es nicht genug für alle gibt. Es handelt sich um eine äußere Projektion des Glaubens an Mangel. Dieser Glaube resultiert in Panik, Unsicherheit und der Angst, nicht genug zu haben. Selbst wenn genug von allem da ist, hinterlässt der mit dem Glauben an Mangel einhergehende Stress den trügerischen Eindruck, als sei tatsächlich nicht genug da.

Der Weg der Liebe wird in dem biblischen Gleichnis von den Broten und Fischen versinnbildlicht, als ein Zeugnis der Vermehrung von allem, was Du freudig gibst. Jesus Christus hat durch sein beispielhaftes Verhalten gelehrt, was es bedeutet, bedingungslos den Weg der Liebe zu gehen. Selbstlosigkeit ist, wie bereits gesagt, nicht dasselbe wie Aufopferung. Selbstlosigkeit ist die Erfahrung, extrem glücklich zu sein, das Gefühl, dass Du am richtigen Ort bist, losgelöst von Raum und Zeit, da Du aus reiner Freude am Geben gibst. Das ist der Weg der Liebe. Um es noch einmal zu verdeutlichen:

- *Selbstsucht* bezieht sich auf die Identifikation mit dem niederen Selbst, den egoistischen Glauben an ein getrenntes und besonderes Selbst. Der Fokus liegt auf der eigenen Person, nicht auf anderen.
- *Selbstlosigkeit* zeichnet sich durch einen Fokus auf die Einheit und das höhere Selbst anstatt auf das getrennte niedere Selbst aus.

Selbstlosigkeit ist wahrlich der erhabene Weg zu Glück, Gesundheit, Fülle und allem, was Dir als wünschenswert und beständig erscheint. Durch selbstloses Handeln erkennst Du, dass Du Eins bist mit Gott und allen Menschen. Daher fällst Du keine Urteile über Dich und andere. Du analysierst andere nicht, und Dein Fokus ist nie auf Negatives gerichtet.
Wie ein Engel siehst Du das Göttliche in Dir selbst und anderen. Das verleiht Dir eine Kraft, die über jede menschliche Form von Kraft hinausgeht. Dein Wissen

darum, dass jeder Mensch ein geliebtes Kind Gottes ist und das Beste tut, dessen er fähig ist, leitet Dich auf dem erhabensten Weg zum Himmel, den Du auf Erden gehen kannst. Du heilst andere mit Deiner Sicht der Dinge.

Selbstsucht ist die Kehrseite der Idee des Opfers. Hier geht mit dem Begriff des Opfers ein Gefühl der Niedergeschlagenheit und unterdrückter Wut gegenüber anderen einher, die Deine Großzügigkeit scheinbar ausnutzen und Dir nicht den Lohn und Respekt zollen, den Du verdienst. Das ist der Weg der Angst.

In gleicher Weise predigt das Ego, dass Leiden der Weg der »Errettung« ist, durch den Dir Deine Umwege vom Himmel vergeben werden. All dies ist auf den fehlgeleiteten Glauben des Egos zurückzuführen, dass Du Dich aus der warmen Umarmung Gottes gelöst hast und nun ganz alleine durch die Weiten des physischen Universums irrst. Ein tief sitzendes Schuldgefühl stellt sich ein, weil Du Deinen Schöpfer und Dein wahres Zuhause aufgegeben hast, und dieses Schuldgefühl wird begleitet von der Angst vor Vergeltung und Bestrafung für Dein Handeln.

Die ganze romantische Idee vom Kampf der Dunkelheit gegen das Licht beruht auf genau dieser Idee. Die Vorstellungen des Egos erschaffen Chaos, Unbeständigkeit und andere Formen der Angst, gezeugt nach seinem eigenen Ebenbild und Gleichnis.

Aus der Perspektive der Selbstsucht ist es nötig, ständig wachsam zu sein und Dich vor Gefahren zu schützen. Selbstsucht führt dazu, dass Du verklemmt, angespannt, ängstlich und nie im Frieden mit Dir selbst bist – egal wie viele Ehrungen oder materielle Besitztümer Du auch anhäufst.

Bedeutet das jetzt, dass Du ein Leben der Askese führen und Dir jegliche irdischen Freuden verkneifen musst, um Dein inneres Nirwana zu erreichen? Nun, in jedem Fall spricht vieles für ein einfaches, genügsames Leben.

Zum Beispiel leiten wir Dich an, die verschiedenen Stressfaktoren bewusst wahrzunehmen, die Du im Laufe des Tages erlebst, und ihren Ursprung wirklich zu analysieren. Achte darauf, auf welche Weise sich jeder Stressfaktor in Deinem Leben bemerkbar macht. Hast Du etwas gekauft, weil Du glaubtest, es würde Dein Ansehen steigern, nur um festzustellen, dass es Dir stattdessen Stress verursacht? Hast Du Dich auf eine Beziehung eingelassen, obwohl Du innere Warnsignale verspürt hast, die Beziehung zu meiden? Hast Du eine Deiner Pflichten vernachlässigt, die Dich jetzt wieder einholt?

Wenn Dir klar wird, wie Deine Entscheidungen Deinen Stresslevel beeinflussen, wirst Du automatisch aufhören, den stressintensiven Weg zu wählen (der identisch ist mit dem Weg der Angst).

Du musst dem Frieden nicht hinterherjagen, denn er ist vom Moment der Schöpfung an bereits Teil Deines Wesens. Gott, der Frieden ist, hat Dich nach seinem Ebenbild des Friedens und der Liebe erschaffen.

Und Frieden ist nicht wie eine Marmorstatue, die Du mühevoll aus dem Stein hauen musst, um Dein friedvolles Selbst zu enthüllen. Die Teile Deines Wesens, die nicht friedvoll sind, sind Illusionen der Dualität und

Dunkelheit, die sich in dem Moment auflösen, wenn das Licht des Bewusstseins eingeschaltet wird.

Streben

Immer mehr Besitz anzusammeln ist typisch für das isolierte Ego, das sich einen Ersatz für den Himmel schaffen will. Wie ein »Kind im Süßwarenladen« strebt das Ego kontinuierlich nach Befriedigung, die jedoch nur durch den höheren Bewusstseinszustand der Liebe und Verbundenheit nachhaltig erreicht werden kann. Doch das Ego ist sich in keiner Weise der Liebe bewusst, es kennt nur kurzzeitige Befriedigung. Deshalb sehen wir Menschen, die »dem Hoch hinterherjagen«, das sie zu Beginn beim ersten Biss, ersten Schluck, ersten Inhalieren oder kurz nach dem Kauf eines neuen Objektes empfinden. Dieses Hochgefühl ist aber schnell vorbei. Ihm folgt ein Kreislauf der Sucht, indem die Betroffenen nach anderen Möglichkeiten fahnden, um dieses Hoch möglichst dauerhaft zu erreichen.

Die Hochgefühle des Egos sind zwangsläufig vorübergehender Natur, da Gott sie nicht erschaffen hat – die Angst hat sie erschaffen.

Das soll nicht heißen, dass Du nicht danach streben kannst, ein sicheres und wohliges Zuhause, ein bequemes Auto oder die notwendige Bekleidung und Nahrungsmittel zu besitzen, die Du brauchst.

Hier ist der Lackmustest, damit Du weißt, ob Deine Wünsche von Deinem Ego ausgehen (für ein kurzzeitiges Vergnügen) oder von Deinem höheren Selbst (für dauerhaften Frieden):

- Bei einem Wunsch des Egos basieren die Gedanken auf der Idee der Trennung, wie zum Beispiel bei dem Versuch, jemanden zu beeindrucken, Liebe oder Anerkennung zu gewinnen; zu demonstrieren, wie groß Deine Macht ist oder wie viel Geld Du hast; Dich vor Machtspielen oder Angriffen zu schützen; einen Wettkampf zu gewinnen; durch ein ersehntes Objekt oder einen in Deinen Augen optimalen Zustand ein süchtig machendes Hochgefühl zu erreichen.

- Wenn es sich um einen Wunsch des höheren Selbst handelt, dann basiert er auf Verbundenheit und Liebe, zum Beispiel wenn Du Deiner inneren Führung folgend mehr über die Erfüllung Deiner Lebensaufgabe lernen willst; oder um einen Ort oder ein Forum für das Unterrichten oder die Heilung anderer zu finden; finanzielle Mittel zu sichern, um anderen zu helfen; Deine Dienste oder Waren anzubieten, weil sie anderen Segen bringen; oder wenn es sich um einen tief sitzenden Wunsch handelt, den Menschen und der Welt zu dienen.

In beiden Szenarien wirst Du etwas im Austausch für Deine Bemühungen empfangen. Wie Du sehen kannst, ist die Liebe der wünschenswertere Weg von beiden. Zudem wird sich Dir ein weiterer Vorteil offenbaren, wenn Du dem Weg der Liebe folgst: Menschen, die sich wie Du der Liebe verschrieben haben, fühlen sich zu Deiner Arbeit hingezogen; sie möchten Dir ihre Hilfe zukommen lassen und Dich unterstützen. Im Gegensatz dazu steht, den Weg der Trennung und Selbstsucht zu gehen, auf dem Du andere Menschen abstößt.

Der Weg des höheren Selbst fühlt sich richtig, natürlich und angenehm an, wie eine wärmende Umarmung. Es besteht keine Notwendigkeit, sich aufzuopfern, gefallen zu wollen, zu beschwichtigen oder um irgendetwas zu bitten, um Deinen inneren Frieden zu finden. Du hast ihn bereits!

3
Gemeinsam Aufwachen

Eine Botschaft über deine Beziehungen

In einer Beziehung hast Du dieselben Wahlmöglichkeiten wie in Deiner Beziehung mit Dir selbst: der Weg der Angst oder der Liebe. Zwei Menschen können den Weg der Angst gemeinsam gehen, scheinbar zum Zweck, sich gegenseitig zu beschützen und gemeinsam Glück in einer von Angst erfüllten Welt zu finden. Wenn sich jedoch eine oder mehrere Personen für den Weg der Angst entscheiden, ist das Resultat immer Angst. Was dazu führt, dass die Beziehung zu einer unberechenbaren Achterbahn dramatischer Emotionen wird.

Vielleicht glaubst Du, dass Du glücklicher sein wirst, wenn Du Dich von Deinem Partner trennst. Doch wenn Du dann alleine den eingeschlagenen Weg weitergehst, *bist Du nach wie vor auf dem Weg der Angst*, mit all seinen unangenehmen Konsequenzen. Vielleicht findest Du einen anderen Menschen, der mit Dir diesen Weg der Angst geht, mit demselben enttäuschenden Ergebnis.

Ob Du alleine einen Albtraum hast oder neben jemandem schläfst, der in einem Albtraum gefangen ist, beides ist gleichermaßen furchterregend. Doch wenn Du aufwachst und der andere hält Dich tröstend im Arm, fühlst Du Dich umgehend erleichtert, und die Angst vergeht. Das Ende der Angst und das Gefühl von Liebe ist das wahre und echte Aufwachen.

Die Wege der Liebe und der Angst überschneiden sich nicht, sie haben weder Gemeinsamkeiten noch treffen sie sich irgendwo. Es handelt sich bei ihnen um zwei total verschiedene Schwingungen, ähnlich wie bei dem violetten Band des Regenbogens, das parallel zu dem roten verläuft. Es gibt keine Übergangszone, in der sich Violett und Rot vermischen. Du bist entweder auf dem Weg der Liebe oder auf dem Weg der Angst.

Genauso wie bei einem Albtraum kann es sein, dass Du den Weg der Angst entlangschreitest und dann »aufwachst« und dich auf dem Weg der Liebe befindest. Für die meisten Menschen verläuft das Leben wie eine holprige Achterbahnfahrt hin und her zwischen den beiden Wegen. Dies führt zu einem irritierenden Gefühl der Unbeständigkeit und Verwirrung.

Du kannst nicht beide Wege gleichzeitig beschreiten. Entweder bist Du Dir der Wirklichkeit eines wohligen und sicheren Lebens in Gott bewusst – oder Du bist Dir dieser Realität nicht bewusst und hast vergessen, wer Du bist, woher Du stammst, und wo Du jetzt bist.

Was Du in einer Beziehung suchst, ist ein Gefühl des Verschmelzens und Einsseins, das nur erreicht werden kann, wenn zwei Menschen gemeinsam den Weg der Liebe gehen. Um das zu erreichen, ist große Achtsamkeit und Ehrlichkeit Dir selbst gegenüber vonnöten, und daher ist es für Dich von großer Bedeutung, etwas über diese Wahrheiten zu lernen.

Als Nächstes werden wir uns die Umwege näher anschauen, die dafür sorgen, dass die meisten Menschen weiterhin schlafen und den Weg der Angst beschreiten.

Der Umweg über die Langeweile

Der vorrangige Wunsch eines Menschen, der schläft, besteht darin, aus dem Albtraum, sich von Gott getrennt zu fühlen, zu erwachen. Zu dem Prozess des Erwachens gehören Entscheidungen, die der Mensch aus freiem Willen treffen muss.

Das Gefühl der Langeweile ist eine Art Rastlosigkeit, bei der Du Dich bezüglich Deiner gegenwärtigen Situation unglücklich fühlst. Es ist, als würdest Du fernsehen und mit einer Fernbedienung unaufhörlich die Sender wechseln. Ständig auf der Suche nach der perfekten Szene, mit der Du Dich voll identifizieren kannst; nach jemand oder etwas, das unterhaltsam ist, Dich aufrichtet und bestätigt.

Dieser Wunsch nach etwas Besserem wäre an sich eine gute Sache, würde er auf der von Liebe erfüllten Absicht beruhen, anderen zu helfen oder Dir die Mittel zu beschaffen, die Du brauchst, um Deine wahren Bedürfnisse zu erfüllen. Das Problem mit der Langeweile ist, dass sie Dir nicht enden wollende Berge präsentiert, die es zu erklimmen gilt. Sobald Du die Spitze eines Berges erreicht hast, siehst Du Abertausende weitere, die noch vor Dir liegen. Dies löst ein Gefühl bei Dir aus, dass alles vergeblich ist, und lässt dich fragen, wozu das Ganze gut sein soll, was sich auch negativ auf deine Lebenseinstellung auswirkt.

Dies sind die grundlegenden Prozesse, die in der Regel unbewusst hinter dem existenziellen Streben nach Sinn stehen. Wenn Menschen sich bemühen, die Fragen *Wer bin ich?* und *Was ist meine Aufgabe?* zu beantworten, drücken sie in Wahrheit Unzufriedenheit mit ihrem wahren spirituellen Wesen aus, ein geliebtes Kind Gottes zu sein, im Herzen und Geiste Gottes zu ruhen. Rastlosigkeit und Langeweile sind Ausdruck der Sehnsucht nach etwas, mit dem die Leere gefüllt und Frieden, Glück und ein Gefühl der Sinnhaftigkeit erlangt werden kann. Es ist ein hektisches Greifen nach jemanden oder etwas, seien es irgendwelche »magische« Nahrungsmittel, Drogen, Aktivitäten oder Beziehungen, um die Leere zu füllen und Verbundenheit zu erfahren – alles, um wenigstens vorübergehend das Gefühl schmerzhafter Trennung zu betäuben und zu vergessen. Es ist die vergebliche Suche nach dem »Schlüssel« zum Glück.

Wenn Du hungrig bist nach etwas, das dafür sorgt, dass Du Dich »besser fühlst«, ist dies ein sicheres Zeichen dafür, auf dem Weg der Angst zu sein. Bei echtem physischen oder emotionalen Hunger, der auf einem normalen menschlichen Bedürfnis beruht, setzt ein reibungsloser göttlicher Prozess ein, der für Befriedigung sorgt – ein deutlicher Unterschied zu dem hektischen Versuch, irgendetwas zu finden, was Dich nur vorübergehend sättigen wird.

In Beziehungen zeigt sich dieser Prozess als eine Zusammenkunft, um gemeinsam den Schlüssel zum Glück zu finden. Die unbewusste Vereinbarung zwischen den Partnern besteht darin, den anderen zu unterhalten, um Langeweile vorzubeugen. Doch wie ist das möglich, wenn es beiden Personen in spiritueller Wahrheit an einem Gefühl der Sinnhaftigkeit oder Begeisterung mangelt?

Bitte denke über diese Wahrheit nach: Du und jeder Mensch, dem Du bisher in Deinem Leben begegnet bist und in Zukunft begegnen wirst, ist das identische Ebenbild von Gottes bedingungsloser und reiner Liebe. Jedes physische, emotionale und geistige Bedürfnis wird umgehend erfüllt. Daher sind in spiritueller Wahrheit Rastlosigkeit und Langeweile ein Ding der Unmöglichkeit.

Hinter der Suche nach dem nächsten großen »Kick« oder Menschen steckt der gleiche Antrieb, der überhaupt erst den Traum der Angst auslöst, wie ein sich endlos wiederholender Film mit dem immer gleichen Plot. Der Realitätssinn des Egos basiert auf dem unstillbaren Wunsch nach seiner eigenen Definition von Perfektion. Das Ego lehnt Gottes Geschenk liebevoller Perfektion ab, um auf seine eigene, mühevolle Weise nach Perfektion zu streben.

Das Ego benutzt häufig Beziehungen als Möglichkeit, die Langeweile zu mindern und einen Weg zu finden, sein endloses Bedürfnis nach Bestätigung und Befriedigung zu stillen. Dieser angstvolle Weg des Zusammenseins ist das, was man zerstörerische oder »dysfunktionale« Beziehungen nennt. Sie beginnen als Suche (um im Äußeren die Glückseligkeit des Himmels zu finden), die keine Erfüllung finden kann, und enden in einem Crescendo von Drama, Leid und Elend.

Wenn eine Beziehung mit der traurigen Prämisse beginnt: »Bitte errette mich von diesem Gefühl der Trennung, Einsamkeit, Langeweile, Gefahr oder anderen Formen von Mangel«, befindet sie sich von Anfang an auf dem holprigen und steinigen Weg der Angst.

Verstehe unseren übergeordneten Blick in Bezug auf Beziehungen nicht falsch. Aufrichtige Beziehungen können ein Weg sein, durch den Du Gott und den Himmel in Deinem Inneren wiederentdecken kannst.

Die Suche nach Bestätigung

Wenn alles, was Du in Deinem physischen Leben »gekannt« hast, Schuld und das Gefühl der Unwürdigkeit sind, dann bist Du auf dem Weg der Angst geboren und aufgewachsen. Du hast buchstäblich einen Gedächtnisverlust in Bezug auf Deinen göttlichen Ursprung und lebst in der albtraumhaften »Realität«, die von Rivalität und Konkurrenzdenken bestimmt ist, um Deine Bedürfnisse zu erfüllen.

Doch in jedem Menschen, der den Weg der Angst beschreitet, klingt in den Tiefen seiner Seele eine verlockende Melodie, die ihn zurück in sein himmlisches Zuhause ruft. Manche missdeuten dies als den Wunsch zu sterben, in dem Glauben, dass Frieden nur möglich ist, sobald der physische Körper aufhört zu funktionieren. Doch für einen Menschen, dessen Bewusstsein auf Angst fokussiert ist, bringt selbst der physische Tod keine Erleichterung.

Die Suche nach »Bestätigung« entspringt dem unbewussten Wunsch, daran erinnert zu werden, wer Du in Wahrheit bist. In der physischen Welt drückt sich dies als Wunsch nach Anerkennung, Belohnung, Beförderungen, Beifall und anderen Richtwerten aus, die Dir ein Gefühl geben, besser – oder zumindest genauso gut – zu sein wie andere Menschen.

Innerhalb von Beziehungen findet dieser Wunsch nach Bestätigung seinen Ausdruck im Austausch von Komplimenten. Die ultimative »Belohnung« in Beziehungen ist der verbale und physische Ausdruck gegenseitiger Liebe, oft begleitet von einer Zeremonie, um diese Liebe öffentlich zu feiern.

Doch wenn zwei Menschen wahre Liebe füreinander empfinden, dann erwachen sie gemeinsam in ihrer göttlichen Realität und erkennen, dass sie Eins sind in der Liebe Gottes. Sie erinnern sich daran, dass sie wirklich gemeinsam zurück im Himmel sind, in der ewig liebevollen Umarmung Gottes. Das sind die echte, dauerhafte Belohnung und der wahre Zweck von Beziehungen.

Jene, die Schritte unternehmen, um sich an die Liebe Gottes zu erinnern, werden höchstwahrscheinlich ganz von selbst zu ihrer tieferen Wirklichkeit und wahren Liebe gelangen. Wenn zwei oder mehr Menschen ihren Fokus gemeinsam darauf richten, sich ihrer spirituellen Identität zu erinnern, können sie einander helfen, in der Realität der wahren Liebe zu erwachen.

Viele Beziehungen schwanken zwischen flüchtigen Momenten der wahren Liebe und der »Liebe«, die vom Weg der Angst vorgegeben wird. So wie ein Glücksspielautomat im Casino, der gelegentlich eine große Summe auszahlt, hält die Beziehung das Versprechen einer Rückkehr zu dieser reinen Liebe bereit, die auf unterschiedlichen Wegen gesucht wird – mancher basierend auf Angst, und mancher basierend auf Liebe. Wenn Dich zum Beispiel jemand kritisiert, dann steckt dessen Ego dahinter, denn nur das Ego urteilt. Dies bedeutet, dass der andere nicht glücklich ist. Niemand, der sich mit den Wahrnehmungen des Egos identifiziert, ist glücklich. Bringe dem Betreffenden Mitgefühl entgegen und verurteile ihn nicht, denn sonst wirst auch Du unglücklich sein.

Beziehungen geben Dir die Gelegenheit, Gott zu finden – oder den entgegengesetzten Zustand kalter und einsamer Trennung zu erfahren. Wir überreichen Dir eine heilsame Brille, damit Du das überwältigende Strahlen des Göttlichen in jedem Menschen sehen kannst, der Dir begegnet, und in Dir selbst. Dieses Licht ist so hell, dass es jegliches Gefühl getrennter menschlicher Körper auflöst. Anstatt physische Formen zu sehen, freust Du Dich über den Anblick des herrlichen Funkelns göttlicher Lebenskraft, die Dir entgegenstrahlt. Dies ist die Art von Reflexion, die Dein wahres Selbst bestätigt und dauerhafte Erfüllung bietet.

Eine Beziehung fühlt sich am besten an, wenn sie selbstlos ist und der eine Partner nicht als das Vehikel gesehen wird, durch das der andere Erfüllung findet. In einer selbstlosen Beziehung ist der Fokus darauf gerichtet, dass jeder sich der unendlichen Liebe Gottes voll bewusst wird und sie dann zusammen diesen Weg der Liebe gehen. Vielleicht bilden die beiden Partner bewusst ein Team, um anderen zu helfen, ebenso zu ihrer Göttlichkeit zu erwachen.

Solche »göttlichen Teams« von Menschen, die ihre wahre Identität entdeckt haben, sind buchstäblich Engel in der physischen Welt. Stelle Dir einen Raum voller Kinder vor, die eins neben dem anderen in ihren einsamen Betten schlafen, jedes zitternd vor Angst aufgrund der Albträume, die sie erleben. Dann stelle Dir ein paar der Kinder vor, wie sie aufwachen und erkennen, dass die Albträume nicht real waren und sich dann die Zeit nehmen, die anderen Kinder sanft aufzuwecken. Das sind Deine Rolle und Deine Aufgabe in Beziehungen jedweder Art, die auf Liebe basieren.

Die Art, *wie* Du andere erweckst, ist das Thema der nächsten Botschaft.

4

Spirituelle Vollkommenheit

Eine Botschaft über Vergebung

Urteilen ist eine mentale Angewohnheit, um unangenehme Gefühle beiseitezuschieben. Es ist leichter, jemanden als »schlecht« oder »gut« zu bezeichnen, als die Vielfalt der Gefühle zu verarbeiten, die durch das jeweilige Verhalten der Person ausgelöst wird. Das verwickelte Knäuel unterschiedlicher Emotionen, das dem Urteilen zugrunde liegt, kann Formen der Angst wie Schock, Trauer, Schuld, Betrug, Enttäuschung und Unsicherheit einschließen.

Das egoistische Verhalten eines Menschen kann zudem Erinnerungen an vergangene Erfahrungen auslösen, die Dir immer noch emotionalen Schmerz bereiten. In diesem Fall würde Deine Beurteilung wie eine Mauer sein, die Du aufbaust, um erneutem Leid vorzubeugen.

Die physische Wahrheit ist, dass menschliche Egos auf einer Ideologie der Angst basieren und das Ego jede Entscheidung und Aktion als etwas sieht, das beurteilt werden muss. Angsterfüllte Verhaltensweisen sind auf angsterfüllte Glaubenssätze zurückzuführen.

Das Ego ist stolz darauf, sich von anderen abzuheben, weil es einzigartig, besonders und besser ist. Um diese Illusion aufrechtzuhalten, ist es für das Ego notwendig, die Egos anderer Menschen ins Visier zu nehmen und gegebenenfalls anzugreifen.

Gemeinsamkeiten zu erkennen oder Mitgefühl zu empfinden würde die Verteidigungsanlage des Egos untergraben. Das Ego hat dicke Mauern aus Vorurteilen errichtet, um sich vor der Erkenntnis zu schützen, dass die Egos anderer Menschen in Wahrheit mit ihm identisch sind.

Spirituell ausgerichtete Menschen verstehen den hohen Preis, den sie für das Urteilen bezahlen. In der Regel entscheiden sie sich für Mitgefühl anstatt für Bewertungen. Dank dieser Wahl werden sie mit größerem innerem Frieden belohnt.

Doch selbst die hingebungsvollsten spirituell Suchenden scheinen ihre Grenzen zu haben im Hinblick darauf, wem sie mitfühlend vergeben können. Die Maßstäbe sind für jeden anders.

Jedoch würden die meisten Menschen sagen, dass jemand, der anderen schlimme Schmerzen zufügt, es nicht wert ist, mit Vergebung »belohnt« zu werden. Für sie bedeutet »Auge um Auge, Zahn um Zahn« Vergeltung und dass der andere im Ausgleich für das Leid, das er über Menschen gebracht hat, leiden sollte.

Im Rahmen dieser Philosophie ist zu vergeben so ähnlich wie zu sagen: »Was Du getan hast, ist okay.« In Wahrheit bedeutet Vergebung nicht, die Hände in den Schoß zu legen oder jemanden zu begnadigen.

Wie wir Dir zeigen werden, gibt es vier Ebenen der Vergebung:

- *Falsche Vergebung*, indem Du sagst, dass Du jemandem vergibst, ohne es wirklich zu meinen.
- *Verurteilen und trotzdem vergeben*, indem Du jemandem vergibst, damit Du »der bessere Mensch« sein kannst, während Du in Wahrheit immer noch Groll hegst.
- *Von Herzen vergeben*, indem Du Mitgefühl für die Person empfindest in dem Wissen, dass sie einen Fehler gemacht hat.

- *Aus spiritueller Wahrheit vergeben,* was bedeutet, dass Irrtümer Illusionen und in Wahrheit nicht passiert sind. Daher ist kein Urteilen möglich, und Vergebung macht keinen Sinn, weil es nichts zu vergeben gibt.

Das Urteilen bietet Dir sozusagen als Belohnung die Möglichkeit, Dich von jenen zu distanzieren, deren Handlungen in Deinen Augen abstoßend sind. Wenn Du von jemandem verletzt worden bist, möchtest Du vermeiden, erneut verletzt zu werden.

Wie wir besprochen haben, können Menschen in der physischen Welt in jedem Moment entweder den Weg der Liebe oder den der Angst beschreiten. Du kannst nicht auf beiden Wegen gleichzeitig gehen.

Diejenigen, die Du als »vertrauenswürdige« oder »gute« Menschen bezeichnest, verbringen den Großteil ihrer Zeit auf dem Weg der Liebe. Doch dann passiert etwas, das bei ihrem Ego Angst auslöst, und sofort befinden sie sich auf dem Weg der Angst.

Alles, was Du tust, hängt von dem Weg ab, den Du gehst:

- Wenn Du auf dem Weg der Liebe bist, werden Deine Handlungen selbstlos sein, getragen von Rücksichtnahme, Mitgefühl, Freundlichkeit und anderen Aspekten der Liebe.
- Wenn Du auf dem Weg der Angst bist, werden sich Deine Handlungen durch Selbstsucht, Rücksichtslosigkeit, Rivalität, Härte und andere Aspekte der Angst auszeichnen.

Das Schwanken zwischen dem Weg der Liebe und dem der Angst führt zu Verwirrungen in einer Beziehung. Du glaubtest, diesen Menschen zu kennen, der generell den Weg der Liebe gegangen ist, und auf einmal ist er ganz anders. Was ist passiert? Das Ego behauptet, dass Du diesen Menschen nie wirklich gekannt hast – dass er falsch und unehrlich ist und Du ihm nicht vertrauen kannst.

Doch jeder Mensch kann durch einen emotionalen Impuls zu angstbasierten Gedanken und Taten veranlasst werden. Wenn Du jeden Menschen für seine von Ängsten getriebenen Handlungen verurteilst, wirst Du bald ganz alleine sein. Außerdem wirst Du auch Dich selbst gnadenlos für Deine eigenen angstvollen Handlungen verurteilen. Es gibt keinen Menschen auf diesem Planeten – einschließlich Dir selbst – der immer nur den Weg der Liebe beschreitet.

Urteilen führt zu Einsamkeit, da Du alle Personen verstößt, die vielleicht Schmerz bei Dir auslösen könnten. Du setzt alles daran, in Sicherheit zu sein, selbst um den Preis des Alleinseins. Du verkriechst Dich in Deiner Festung des Beurteilens, wo fauchende Drachen und tiefe Festungsgräben jeden von Dir fernhalten. Im Gegenzug beurteilen andere Menschen Dich als kalt, distanziert, unnahbar etc.

Das Be- und Verurteilen führt auch dazu, dass Du Dich von Dir selbst entfremdest. Du erkennst Dich nicht als urteilenden Menschen, *weil das nicht Dein wahres Selbst ist!* Dein wahres Selbst ist vollkommen liebevoll, und Du kannst diese positive Resonanz immer dann in Deinem Inneren fühlen, wenn Du auf liebevolle Weise handelst oder denkst. Wenn Du Dich für eine Sichtweise oder Handlungen entscheidest, die auf Angst basieren, kann es sein, dass Du auch ein physisches Unbehagen verspürst.

Hier bewahrheitet sich der Spruch »Was Du anderen zufügst, fügst Du Dir selbst zu«, weil es in Wahrheit keine Trennung gibt zwischen Dir und anderen Menschen.

Das zu wissen mag Dir helfen, diese wichtige Botschaft zu verstehen: Stell Dir eine liegende Acht mit ihrer kontinuierlichen Schleife vor. Die eine Seite der Schleife bist Du, und die andere Seite jemand anderes. Achte darauf, wie die beiden Schleifen untrennbar miteinander verbunden sind und sich gegenseitig perfekt spiegeln.

Was Du über einen anderen Menschen denkst, bewegt sich weiter in die gegenüberliegende Schleife wie eine Energie, die durch diese liegende Acht fließt und euch beide beeinflusst. Die egobasierte Angstenergie fühlt sich scharf, kalt und isolierend an, und beide Seiten der liegenden Acht werden zusammen in eine beengende Dunkelheit gestoßen.

Vergleiche dies damit, der anderen Schleife der Acht die Energie der Liebe zu senden und wie *diese* Energie zu Dir zurückfließt. Sie fühlt sich wie eine warme, zärtliche Umarmung an, die euch beide einhüllt und wohltut. Diese Energie ist unbegrenzt, weit und offen, und sie leuchtet so hell wie die Liebe Gottes oder die wärmenden Strahlen der Sonne.

Deine Meinung in Bezug auf andere Menschen kommt unweigerlich wie ein Bumerang zu Dir zurück. Wenn

Dich zum Beispiel jemand verurteilt, hüte Dich vor der automatischen Reaktion, denjenigen selbst verurteilen zu wollen, weil er »voreingenommen« ist. Jemanden dafür zu verurteilen, dass er aus seinem Ego heraus handelt, katapultiert Dich sofort in *Dein eigenes* Ego.

Eine ähnliche Schleife entsteht, wenn Du Dich dabei ertappst, jemanden oder etwas zu verurteilen und Dich dann gnadenlos dafür verurteilst, den Weg der Angst zu gehen. Das Ego besteht auf menschliche Perfektion, um sich besser und anderen gegenüber überlegen zu fühlen.

Jede Form des Urteilens ist eine Affirmation, dass Du von Deinen Mitmenschen getrennt bist. Es verneint die spirituelle Wahrheit, die durch die liegende Acht versinnbildlicht wird, Dich mit anderen verbindet und auf Dich einwirkt.

Da diese Vorstellung des Getrenntseins die schlimmste Illusion überhaupt ist, verlangt das Urteilen den hohen Preis tiefer emotionaler Schmerzen, ausgelöst durch das Gefühl, allein, verlassen, isoliert und missverstanden zu sein. Das Ego behauptet, zu urteilen ist gerechtfertigt, da die Handlungen der anderen Person unverzeihbar waren.

Einsicht statt Urteil

Wenn Du an all die Menschen auf diesem Planeten denkst, gibt es noch einen anderen Vergleich, der Deine Verbindung mit dem Göttlichen verdeutlicht: Denke an einen großen, gesunden Baum mit unzähligen Blättern. Jedes Blatt repräsentiert einen Menschen. Wenn die Blätter auch den Eindruck erwecken, sie seien getrennt voneinander, sind sie in Wahrheit alle mit dem gleichen Baum verbunden, der Gott repräsentiert.

Jedes Blatt scheint seine eigenen Erfahrungen zu machen. Vielleicht schütteln Wind oder Regen einige Blätter mehr als andere, und vielleicht kriegen manche mehr Sonnenlicht. Dennoch ist jedes Blatt Teil eines größeren Ganzen, das den Baum ausmacht. Genauso verhält es sich mit Dir und jedem anderen Menschen auf der Erde. Was immer Du tust, wirkt sich auf andere aus, und umgekehrt. Du bist tatsächlich mit jedem verbunden.

Denke daran, wir sprechen von spirituellen Wahrheiten jenseits der Dualität, die nur Liebe sieht und kennt. Dazu gehört, andere so zu sehen, wie Gott uns alle sieht: als geliebte Kinder, die bewusst mit Liebe erschaffen wurden.

So wie manche Kinder handeln Erwachsene zuweilen auf eine Weise, die gedankenlos und verletzend erscheint. Bestimmte Verhaltensformen scheinen kalkuliert zu sein, ohne Rücksicht auf die Gefühle oder Sicherheit anderer. Mit anderen Worten, nicht wenige Menschen verbringen die meiste Zeit ihres Lebens –

oder ihr ganzes Leben – damit, den Weg der Angst zu gehen.

Dies ist die Definition von selbstsüchtigem Verhalten, weil sich das Ego als sein eigenes Universum betrachtet, um das sich alles dreht. Vergiss nicht, dass das Ego immer darum ringt, sich besser oder anderen überlegen zu fühlen, also urteilt es und stellt Vergleiche an, um dieses Ziel zu erreichen. Für das Ego sind andere Menschen Objekte, die es zu seinen eigenen Zwecken benutzt, oder Konkurrenten für ein von beiden erwünschtes Ziel. Außerdem betrachtet das Ego Liebe als eine Form der Schwäche, Wut hingegen als Stärke.

Das Ego fühlt sich elend und einsam und sucht kontinuierlich nach etwas im Außen, um sein Elend zu betäuben.

Stell Dir bitte eine Fernbedienung für den Fernseher vor. In der physischen Welt der Dualität gibt es zwei Kanäle auf dieser Fernbedienung: *Liebe* oder *Angst*. Du kannst entweder aus Angst oder Liebe heraus handeln. Es gibt keine dazwischenliegenden Kanäle. Es ist tatsächlich die Wahl zwischen Glück und Leid.

Wenn Du Dich selbst oder jemand anderen verurteilst, wirst Du automatisch auf den Weg von Angst und Leid zurückgeworfen – selbst wenn das Urteil gerechtfertigt scheint. Das ist der Moment, in dem die Einsicht ins Spiel kommt, um die Lage zu retten.

Denke über die wichtigsten Unterschiede zwischen einem Urteil und einer Einsicht nach:

URTEIL	EINSICHT
Bezeichnet etwas (oder jemanden) als »gut« oder »schlecht«.	Sagt: »Ich fühle mich zu diesem (oder ihnen) hingezogen.« Oder: »Ich fühle mich nicht zu diesem (oder ihnen) hingezogen.«
Verleugnet Gefühle und hat kein Mitgefühl.	Erkennt Gefühle an, egal ob es sich davon angezogen fühlt oder nicht.
Ist eindimensional und sieht nur Fehler.	Erkennt jenseits der Fehler die verschiedenen Ebenen, die involviert sind.

Nehmen wir einmal an, dass Dir der Rauch von Zigaretten zuwider ist. Wenn jemand in Deiner Nähe eine Zigarette raucht, kannst Du entweder urteilend (Angst) oder einsichtig (Liebe) reagieren:

• Die Angst, das Ego und der Hang zum Urteilen würden den Zigarettenrauch und den Raucher als »schlecht« bezeichnen oder noch härtere Worte benutzen.

• Die Einsicht, die Liebe und das wahre Selbst würde sagen: »Ich fühle mich nicht angezogen von dem Geruch und der Energie von Zigarettenrauch und Menschen, die nach Zigaretten riechen. Ich halte mich davon fern.«

Im Falle der Einsicht (anstatt des Urteils) wird der andere Mensch nicht etikettiert oder abgestempelt. Vielmehr handelt es sich um ein Anerkennen Deiner ehrlichen Gefühle.

Die Einsicht bringt zum Ausdruck, dass Du auf dem Weg der Liebe bist. Auf diesem Weg wirst Du Dich von der Energie der Liebe angezogen fühlen und nicht von der Energie der Angst. Diejenigen, die in erster Linie den Weg der Liebe gehen, werden diese Angstenergie vielleicht nicht bemerken oder ihr gar nicht erst begegnen. Vergiss nicht, dass die Wege der Liebe und der Angst sich weder überschneiden noch Gemeinsamkeiten haben, wenn auch die Möglichkeit besteht, dass Du zwischen diesen beiden Wegen hin- und herspringen kannst.

Liebevolle Gedanken zu hegen führt zu einem universalen Mitgefühl mit Dir selbst und allen anderen. Es macht Dich auf kraftvolle Weise weich.

Jedoch heißt liebevoll zu sein nicht, dass Du Zeit mit jenen verbringen musst, die den Weg der Angst gehen. Allerdings kannst Du sie durch Dein lebendiges Beispiel des Friedens und der Freude *inspirieren,* ebenfalls den Weg der Liebe zu beschreiten.

Zudem besteht die Möglichkeit, dass Du durch Deine Bereitschaft, ein positives Beispiel zu sein, den Anstoß für soziale und globale Veränderungen gibst. Liebe ist ehrlich, und dazu gehört, dass Du aus tiefstem Herzen sprichst über die Dinge, die Dich in Deinem Inneren berühren.

Wenn es um die Menschen geht, die Dir besonders am Herzen liegen und derentwegen Du Dir vielleicht Sorgen machst, sei versichert, dass wir Deine Bitte hören, ihr Leiden zu lindern. Wir intervenieren in dem Maße, wie jeder von ihnen bereit ist, unsere Hilfe anzunehmen.

Menschen, die den Weg der Angst gehen, sehen sich selbst als »robust« und »stark«, und ihre Egos fühlen sich von allem Weichen und Sanften, wie Glück und Gesundheit bedroht. Also stoßen sie diese Geschenke weg.

Mitgefühl enthüllt, dass angstvolle Menschen Erfahrungen in ihrem Leben hatten, die ihnen diesen Weg gelehrt haben. Viele kennen nichts als die Angst, die ihnen sagt, dass die Welt ein gefährlicher und umkämpfter Ort ist. Das ist es, was sie als Resultat dieses Glaubenssatzes erleben... der ihnen in vielen Fällen von ihren Eltern und Großeltern weitergegeben wurde.

Diejenigen, die nur den Weg der Angst kennen, wissen um keine anderen Wahlmöglichkeiten. Für sie ist das Leben eine Serie von überwältigenden Enttäuschungen, unterbrochen von gelegentlichen kurzen Momenten der Freude. Sie beten um Hilfe, weigern sich jedoch, auf die Führung zu hören, die wir ihnen wie ein Rettungsboot anbieten.

Der doppelte Irrtum der Schuld

Ähnlich wie das Urteilen ist die Schuld eine angstbasierte Sichtweise auf Irrtümer oder Fehler. Wir sehen Menschen, die die Last der Schuld mit sich herumschleppen bezüglich etwas, dass sie getan oder nicht getan haben. Somit handelt es sich bei Schuld um ein Urteil, das Du über Dich selbst fällst.

Beim Schuldgefühl handelt es sich um einen doppelten Irrtum, weil es von der falschen Voraussetzung ausgeht, dass Du etwas getan hast, das Gottes Werk spiritueller Perfektion ungeschehen machen könnte. Jeder Schmerz, den Du anderen zufügst, ist Teil der illusorischen Welt der Angst. Dies entschuldigt weder noch rechtfertigt es angstbasierte Handlungen, die als gedankenlos oder gefühllos empfunden werden. Es bedeutet lediglich, dass all diese Schmerzen, das Leid und der Mangel Teil der albtraumhaften Illusion sind und keinen Bestand in der Wirklichkeit haben.

Aus unserer Perspektive heraus beobachten wir, wie sehr Schuldgefühle das menschliche Herz niederdrücken, es mit einer solchen Schwere belasten, dass Liebe eine weit entfernte Fantasie zu sein scheint. Schuld führt zu einem Gefühl der Wertlosigkeit, bis hin zu dem Gefühl, die bedingungslose Liebe, Hilfe und unfehlbare Führung Gottes nicht annehmen zu können, weil man ihrer unwürdig ist.

Menschen, die sich schuldig fühlen, haben zudem Angst vor Bestrafung. Tatsächlich herrscht bei ihnen die unbewusste Überzeugung vor, dass durch die Bestrafung das »Verbrechen«, das sie begangen haben, vergeben sein wird. Dich selbst für Deine scheinbaren Verbrechen zu bestrafen bedeutet, dass Du Dir vielleicht jedes noch so kleine Glück versagst oder Dich geradewegs ganz bewusst schmerzhaften Situationen aussetzt, die Du als »Strafe« oder »Karma«, wahrnimmst.

Dieser zweischneidige Irrtum, dass Du Dich schuldig gemacht hast und Dich dann dafür verurteilst, führt dazu, dass Du von Deiner göttlichen Berufung abgelenkt wirst – von dem, was Du Deine »Lebensaufgabe« nennst. Deine Gebete und Bitten um unser Eingreifen sind auf jeden Fall wirksam und erleichtern Dir die Last der Schuldgefühle. Doch noch wirksamer ist die heilende Macht bedingungsloser Liebe.

Gott weiß, sieht und fühlt nur Liebe. Gott erkennt Dein wahres Selbst, wie er es ursprünglich erschaffen hat: unschuldig, rein, liebevoll. Das ist bedingungslose Liebe, derer Du direkt teilhaftig werden kannst, indem Du wiederholt den Namen Gottes sagst. Sein Name ruft die Erinnerung in Dir wach, dass Du Dich in der ewigen Umarmung göttlicher, bedingungsloser Liebe befindest.

Indem Du Dich an diese grundlegende spirituelle Wahrheit erinnerst, fühlst Du, wie sich Dein Herz erwärmt und der Liebe öffnet. Dein Herz ist ein Portal, durch das die Liebe Gottes zu anderen weiterfließt, die in Not sind.

Wenn genug Menschen den Weg der Liebe gehen, ruft die kollektive erhebende Energie jene, die sich auf dem Weg der Angst befinden. Wie ein Magnet, der sie nach oben zieht, verspüren sie ein fernes vertrautes Gefühl, das sie an ihr Leben im Himmel erinnert. Das Gefühl, bedingungslos geliebt zu werden, ist die ursprünglichste Erinnerung und treibende Kraft in jedem fühlenden Wesen – ob Mensch, Säugetier, Vogel oder Fisch.

Jeder erinnert sich an die reine Liebe, weil jeder nach wie vor in dieser reinen Liebe Gottes ruht. Manche kämpfen vergeblich darum, dieses Gefühl in äußeren Dingen oder anderen Menschen zu finden. Es funktioniert nie.

Menschen, die in ihrem irdischen Leben *tatsächlich* den Himmel finden, sind jene, die bedingungslose Liebe ausstrahlen. Anstatt darauf zu warten, von anderen bedingungslos geliebt zu werden, senden sie aus ihrer Seele und ihrem Herzen diese reine Liebe an andere … und sich selbst.

Bedingungslose Liebe erhebt Dich und schützt Dich vor den selbstsüchtigen Energien und Taten anderer. Das strahlende Licht Gottes glüht in Deinem Inneren; Du bist davon umgehen und sendest es anderen. Du liebst Dich selbst genauso wie Du jeden anderen liebst, weil Du alles liebst, was Gott erschaffen hat.

Das Gefühl, weniger oder mehr wert zu sein als irgendjemand anderes, existiert nicht, denn es würde bedeuten, dass Du die trennende Sichtweise der Dualität einnimmst, die Grundvoraussetzung für den Weg der Angst. Du respektierst Dich selbst und andere. Du ziehst automatisch Menschen an, die ebenso bedingungslos lieben, was bedeutet, dass Du positive, erhebende Beziehungen genießt.

Zuweilen wird Spiritualität als die Aufforderung missverstanden, heilig und perfekt zu sein. Um es noch einmal zu sagen: Nur das Ego beschäftigt sich mit äußerlicher Perfektion. Das Ego verurteilt, daher fürchtet es automatisch, selbst auch verurteilt zu werden.

Der Weg der Liebe räumt ein, dass die Erdenbewohner zwar nicht in menschlicher Hinsicht perfekt sind, aber dass sie aus spiritueller Sicht perfekt sind. Dank

Deiner Entscheidung, Dich auf die bedingungslose Liebe statt auf die verurteilende Angst zu konzentrieren, bist Du ein Musterbeispiel göttlicher spiritueller Perfektion.

5

Deine vier Körper

Eine Botschaft über Heilung

Sobald Du vollständig erwacht bist und Deine Göttlichkeit und Deine wahre Identität und Herkunft erkannt hast, gibt es kein Hinterherjagen mehr, kein Konkurrenzdenken, kein Erzwingen und keine Notwendigkeit zu kontrollieren, wenn es darum geht, Deine menschlichen Bedürfnisse zu erfüllen. Alles, was Du benötigst, wird – ähnlich wie in einem Traum – automatisch manifestiert; alles befindet sich im Fluss, und Du ziehst an, was Du brauchst.

Jeder physische Körper, egal ob von Mensch, Tier, Fisch, Vogel oder Pflanze, braucht physische Nahrung und einen seinen Bedürfnissen angemessenen Schutz. Der Körper ist ein Resultat des Ego-Wunsches, eine von Gott getrennte Erfahrung zu haben, und er funktioniert wie ein Zuhause, um, so scheint's, Deine Seele zu beherbergen. Der physische Körper kann im Laufe des Traumes entweder im Sinne der Liebe oder im Sinne der Angst benutzt werden.

Wir möchten an dieser Stelle den Ursprung und die Funktionsweise Deines Körpers detailliert erklären, damit Du ihn auf die bestmögliche Weise erhalten und benutzen kannst.

Der Ursprung des Egos

Wie wir schon besprochen haben, ist die Energie der Liebe Gottes unendlich und überall, und das Gleiche gilt für die Substanz des unendlichen Universums. Genau jetzt, in diesem Moment, bist Du sicher eingehüllt in die warme Umarmung von Gottes ewiger Liebe. Wie ein neugeborenes Baby in den Armen seiner Eltern, fühlst auch Du Dich bedingungslos geliebt, gewünscht und geachtet. Du hast keine ungestillten Bedürfnisse, keine Ängste und keine Sorgen. Du fühlst Dich rundum wohl, und es fehlt Dir an nichts. Was bedeutet, dass Dein echtes und wahres Selbst keinen physischen Körper hat. Du bist vielmehr eine hell strahlende Seele, ein Funken des Göttlichen, verschmolzen mit anderen, die sich auf der gleichen Wellenlänge befinden wie Du. Jeder Mensch, jedes Tier, das lebt, ist Dein Seelengefährte.

Irgendwo auf dem Weg, so wie ein Kurzschluss in einer elektrischen Leitung, hatten Du und Deine Seelengefährten einen gemeinsamen Albtraum, in dem Ihr in einer weit entfernten Welt und voneinander getrennt seid. Dieser Albtraum ist zutiefst erschreckend. Wie ein verirrtes Kind, das seine Eltern sucht, ist jeder, der diesen kollektiven Albtraum teilt, auf die gleiche Weise verzweifelt, verunsichert und voller Angst.

In diesem physischen Traum der Trennung hast Du vier verschiedene Körper:

- *Der physische Körper*: Mit seiner dichten Außenhülle, die Deine Erfahrung als getrenntes Wesen beherbergt, funktioniert dieser Körper als eine Umgrenzung, die anzeigt, wo Du endest und andere Menschen beginnen. Außerdem kann der physische Körper innerhalb des Albtraumes als Möglichkeit genutzt werden, andere Schlafende und Dein Einssein mit jedem zu erkennen.
- *Der emotionale Körper*: Manchmal als Dein »inneres Kind« bezeichnet, ist Dein emotionaler Körper

reines Gefühl und Empfindsamkeit. Sein primäres Streben besteht darin, sich wieder mit jenem himmlischen Gefühl totaler Liebe, Sicherheit und Akzeptanz zu verbinden. Der emotionale Körper sehnt sich danach, sich mit einem anderen Menschen auf das Innigste zu verbinden, so wie er in seiner Erinnerung mit allen Menschen und Gott verbunden war.

• *Der intellektuelle Körper*: Er ist der Schöpfer in Deinem Inneren, entweder regiert von Selbstsucht (Ego) oder Selbstlosigkeit (wahres Selbst). Gott verlieh Dir alle spirituellen Gaben, einschließlich der Fähigkeit, kreativen Gedanken und Ideen eine physische Form zu geben. Wenn Du etwas aus Angst erschaffst, sind die Resultate unbefriedigend und kurzlebig. Erschaffst Du jedoch aus dem Gefühl selbstloser Liebe, sind die Resultate eine Reflexion Gottes und daher zutiefst befriedigend und ewig.

• *Der feinstoffliche oder Licht-Körper*: Zuweilen auch Deine »Aura« genannt, registriert dieser Körper Deine Energielevel (zum Beispiel *aufgeregt, müde, entspannt* oder *friedvoll*). Dein Lichtkörper leitet zudem die Wirkungen dieser Liebesenergie an Deinen physischen, emotionalen und intellektuellen Körper weiter. Er ist der Motor des selbstregulierenden Systems der vier Körper, versehen mit einer selbstregulierenden Funktion, die alle vier gesund und im Gleichgewicht hält.

Darüber hinaus ist der Energiekörper die Zwischenstation für Deine Kreationen. Sobald Du Dich für etwas entscheidest oder auf etwas fokussierst, ist der

Gedanke das Samenkorn, das dann im Garten Deines Energiekörpers wächst. Menschen, die empfindsam sind für Energie, können fühlen oder sehen, was Du denkst, indem sie sich mit Deinem Energiekörper verbinden. Und wenn Deine Gedanken zu sprießen beginnen, formen sie ihre eigenen physischen Körper, indem sie sich im Außen manifestieren.

Energiedichte

Wie Du gesehen und gespürt hast, schwingen Energiewellen in unterschiedlichen Graden. Wir benutzen die Regenbogen-Analogie, um zu verdeutlichen, dass der Weg der Angst dem Streifen Rot auf dem Regenbogen ähnelt, mit langsamen Schwingungen. Und der Weg der Liebe entspricht dem violetten Streifen Licht, mit den höchsten Schwingungen. Wenn diese beiden Farbstreifen auch auf demselben Spektrum existieren, verbinden und überschneiden sie sich nie. Sie vermischen sich durch die Schwingungen der dazwischenliegenden Farben Orange, Gelb, Grün und Blau.
Die Farbe Rot repräsentiert die dichteste physische Energie und das Ego. Das ist der Grund, warum Rot symbolisch für den Teufel, die Hölle, »Stopp« und physische Lust steht. Die langsamsten Schwingungen senden zudem einen tiefen und dissonanten Ton aus, den alle Wesen auf einer unbewussten, intuitiven Ebene hören können.
Die Farbe Violett ist ein Symbol für Spiritualität, Erhabenheit, Fülle und Furchtlosigkeit, wenn es darum geht, Deinem authentischen Selbst Ausdruck zu ver-

leihen. Als die höchste Schwingung auf der physischen Ebene strahlt Violett harmonische Symphonien himmlischer Klänge aus. Daher kannst Du Dir den Weg der Liebe als eine Kraft vorstellen, die Eins ist mit dieser höchsten Schwingung.

Den Körper heilen und harmonisieren

Physische Körper und andere Objekte bestehen aus Energie, die langsam genug schwingt, um sich verdichten zu können. Du kannst Deinen physischen Körper harmonisieren, indem Du Dir erneut der Einheit mit Deinem emotionalen, intellektuellen und feinstofflichen Körper bewusst wirst. Dazu gehört, Deine Emotionen, Deinen Intellekt und Deine Energie mit Deinem physischen Körper zu vereinen.

Krankheiten und Unfälle sind Auswirkungen, die darauf zurückzuführen sind, dass Du einen oder mehrere Deiner vier Körper abgelehnt oder verurteilt hast. Du wirst Dich an unser vorheriges Gespräch darüber erinnern, dass Urteilen immer mit dem Weg der Angst zu tun hat, während Einsicht und ein differenziertes Wahrnehmungsvermögen der Liebe entspricht. Beim Urteilen gibt es nur die Begriffe »gut« oder »schlecht«, während die Einsicht zu einer ehrlichen Reaktion in Form von Anziehung oder Ablehnung führt.

Hierzu ein Beispiel: Wenn Du Dich einsam und allein fühlst – was jeder Mensch fühlt, solange er an die Illusion der Trennung glaubt – kannst Du dieses Gefühl entweder lieben oder es als störend und inakzeptabel verurteilen.

»Einsamkeit lieben« bedeutet nicht, dass Du diese Emotion willkommen heißt und zulässt, dass sie sich dauerhaft in Deinem Leben einnistet. Eine Emotion zu lieben bedeutet vielmehr, dass Du sie würdigst und sich ihrer wie ein fürsorglicher Elternteil annimmst, der ein weinendes Baby tröstet, bis es sich beruhigt hat.

Wenn Du Dich liebevoll um Deine Emotionen kümmerst und sie besänftigst, akzeptierst Du Dich selbst so, wie Gott Dich bedingungslos akzeptiert. Dein emotionaler Körper ist das Kind in Deinem Inneren, ungezwungen, ehrlich und ausdrucksstark. Dein emotionales Kind möchte gehört werden.

Wenn Du Deine Gefühle als inakzeptabel zurückweist, weist Du damit Dein inneres Kind zurück. Was zu noch stärkeren Emotionen von Traurigkeit, Wut und Angst führt.

Deine Gefühle sind ein Feedback-System, das Dir hilft zu prüfen, welchen Weg (Liebe oder Angst) Du beschreitest. Wenn Du »negative« Emotionen fühlst, weißt Du, dass Du auf dem Weg der Angst bist. Das Verurteilen negativer Emotionen bündelt und verstärkt sie nur.

Wenn Du Dich Deiner Gefühle schämst, ist es dasselbe, als würdest Du Dich Deiner selbst schämen. Dies führt zu einer noch tieferen Trennung innerhalb des Traumes der Trennung. Du distanzierst Dich *von Dir selbst*, so wie jemand sich von einer Person distanzieren würde, mit der gesehen zu werden er sich schämen würde.

In ähnlicher Weise führt das Zurückweisen Deiner Gedanken als inakzeptabel zu einem entfremdenden Effekt, durch den Du das Gefühl bekommst, als würdest

Du in einem surrealen, traumähnlichen Film über Deinem Körper schweben. Wir haben Menschen beobachtet, die sich dazu zwingen, positive Gedanken zu hegen und dadurch die »negativen« Gedanken vergraben, die nach Aufmerksamkeit rufen.

Ein weiterer aufsplitternder Effekt tritt ein, wenn Du Dein Energielevel als inakzeptabel hoch oder niedrig bewertest. Das Ego ist ein unbarmherziger Richter, der sich weigert, auf die Argumente des physischen, intellektuellen, oder feinstofflichen Körpers zu hören – selbst wenn diese Körper wichtige Botschaften zu übermitteln haben.

Der Schlüssel zur Gesundheit besteht darin, die Liebe zu akzeptieren und Mitgefühl zu haben für alle Deine irdischen Körper. Niemand mag es, verurteilt oder abgelehnt zu werden, und dazu gehörst auch *Du*. Du kannst Dich selbst buchstäblich zu allumfassender Gesundheit lieben, indem Du eine mitfühlende, elterngleiche Beziehung mit Dir selbst pflegst. Was bedeutet, dass Du Dich liebevoll um Dich kümmerst, auf Deine innere Führung hörst und achtsam mit Dir umgehst.

Um das Beispiel der Einsamkeit weiterzuführen, mag es Dir zunächst nicht bewusst sein, was es mit dem Gefühl auf sich hat oder wo es seinen Anfang genommen hat. Also beginnst Du mit den Gefühlen, die Du identifizieren kannst, wie zum Beispiel quälende Leere, Unwürdigkeit, Ängste, dass andere sich in Deiner Gesellschaft nicht wohlfühlen und Ähnliches.

Dies sind zugegebenermaßen keine erfreulichen Gefühle, mit denen man sich gerne beschäftigen möchte.

Es kann sich verlockender anfühlen, sie zu betäuben oder abzulehnen. Es besteht die Befürchtung, dass Du Dich noch schlechter in Bezug auf Dich selbst fühlst, wenn Du Emotionen anerkennst, die »weniger als perfekt« sind.

In der Folge wirkt sich dieser heikle Vorgang auf den intellektuellen, feinstofflichen und physischen Körper aus. Jemand, der die emotionalen Symptome der Verlassenheit verdrängt, denkt dann vielleicht, dass er es nicht verdient hat, sich geliebt und anerkannt zu fühlen, was seinen Energielevel senkt und sich wiederum auf seine physische Gesundheit auswirkt.

Dies ist der Dominoeffekt, der eintritt, wenn sich jemand selbst verurteilt. Irgendeinen Teil Deines physischen, emotionalen, intellektuellen oder feinstofflichen Selbst abzulehnen führt Dich unweigerlich weg von dem, was Du eigentlich suchst. Anstatt Dich in den warmen Mantel göttlicher Liebe zu hüllen, ziehst Du Dich in die Tiefen kalter Dunkelheit zurück, was Dein Gefühl intensiviert, getrennt, verlassen und ungeliebt zu sein.

Der Pfad der Heilung ist identisch mit dem Weg der Liebe: bedingungsloses Mitgefühl und Annehmen, was dem perfektionistischen, verurteilenden Ego als nicht akzeptabel erscheint.

Der Grund, warum Medikamente und andere Therapieformen effektiv sind, liegt daran, dass der Patient dem Heiler vertraut. Der Patient entspannt sich, wie ein Baby im Arm seiner Eltern, und sieht den Heiler als die Quelle seiner Heilung. Angst und Urteilen verschwinden, und der Patient ist geheilt.

Gottes Liebe ist überall gegenwärtig, auch in dem Albtraum der Trennung und in jeder Zelle Deines physischen Körpers. Deine Entscheidungen innerhalb dieses Traums bestimmen, was als Nächstes mit Dir und Deinem Körper geschieht.

Wie deine 4 Körper sich auf Beziehungen auswirken

Deine vier Körper sind Deine hilfsbereiten Mitspieler im Traum der Trennung. Sie sind Boten, die Dir das Feedback geben für alles, was Du erlebst. Wenn Du ihre Botschaften zurückweist, weil Dir alles »Negative« missfällt, ist das so, als würde ein General nicht auf die Soldaten hören, die ihm von einer unmittelbar bevorstehenden Invasion berichten.

Wir Engel werden Dir unsere Kraft leihen, um auf die nicht so angenehmen Nachrichten Deiner Körper zu hören. Meistens beschweren sie sich über inakzeptable Situationen, die ihr Gleichgewicht und ihre Gesundheit gefährden *und unbedingt angesprochen werden müssen.*

Zum Beispiel hat Dein emotionaler Körper Bedürfnisse, und dazu gehört, mit anderen zu verschmelzen, um sich mit der reinen Liebe aufzuladen, die ihm aus himmlischen Zeiten in Erinnerung ist. Der emotionale Körper sucht jemanden, der mit seinen individuellen Schwingungen übereinstimmt als Möglichkeit, seinen eigenen Wert widerzuspiegeln oder zu bestätigen – ein Vorgang, dem der Begriff »Gleiches zieht Gleiches an« zugrunde liegt.

Wenn Du einem anderen Menschen mit einer solch übereinstimmenden Schwingung begegnest, fühlt der emotionale Körper so etwas Ähnliches wie das Einssein im Himmel. Er fühlt sich bestätigt, weil er seinen Zwilling gefunden hat, was die Einsamkeit und das Gefühl der Trennung lindert.

Wenn beide Personen gemeinsam den Weg der Liebe gehen, wird diese Partnerschaft harmonisch und von Freude erfüllt sein. Doch ist dieser Wunsch oft unrealistisch aufgrund der Tendenz des einen oder anderen Partners, auf den Weg der Angst überzuwechseln.

Wenn Du auf einem anderen Weg bist als Dein Partner, wirst Du Dich einsam und verlassen fühlen. Der *physische Körper* des anderen ist hier bei Dir, doch sein *emotionaler Körper* ist abwesend. Ihr seid buchstäblich auf zwei verschiedenen Wellenlängen.

Also wird Dein emotionaler Körper Dir sagen, dass er Schmerzen hat und sich nicht geliebt fühlt, und er bittet Dich als seinen »Meister«, etwas zu unternehmen, um diese schmerzhaften Gefühle zu beenden.

In diesem Moment kann Dein *intellektueller Körper* die auf Deinem freien Willen beruhende Entscheidung treffen, was als Nächstes zu tun ist, wie etwa:

* Die Gefühle zu ignorieren
* Dem Partner oder Dir selbst die Schuld zu geben
* Die Gefühle durch Suchtverhalten oder eine süchtig machende Substanz zu betäuben

Dies sind Beispiele dafür, Dich mit Deinem Partner zu verbinden, indem Du Deine eigene Schwingung reduzierst, um zusammen mit ihm den Weg der Angst zu gehen. Wir Engel tun dies ständig für unsere »Stammkunden« – die Menschen, denen wir zugeordnet sind –, ohne dass es uns schadet. Doch tendieren Menschen in Bezug auf bedingungslose Liebe zu einer Art Gedächtnisverlust, was zur Folge hat, dass sie sich in der Illusion der Angst verfangen.

Der intellektuelle Körper, der sich auf dem Weg der Liebe befindet, würde solche Entscheidungen treffen:

* Mitgefühl (nicht Mitleid) für den Partner empfinden
* Dem Partner und Dir selbst vergeben
* Eine ehrliche und liebevolle Konversation mit dem Partner
* Den Partner und Dich selbst lieben
* Euer Einssein ohne Schuldzuweisungen oder Vorwürfe anerkennen

Gesundheit und Lebensweise

Der Hauptgrund, warum wir Engel Dich bei Deinen wichtigen Entscheidungen im Hinblick auf Ernährung, körperliches Training und Schlaf unterstützen, ist, dass wir Dir helfen, jeden Deiner vier Körper perfekt einzustellen. In Wirklichkeit braucht Dein wahres Selbst nichts, da alle Deine Bedürfnisse in gleichbleibendem Maße und kontinuierlich erfüllt werden. Innerhalb des Traums der Trennung jedoch benötigen Deine Körper Aufmerksamkeit.

Genau wie für Deine Beziehungen mit anderen ist es auch für die physischen, emotionalen, intellektuellen und feinstofflichen Aspekte Deines Wesens ausschlaggebend, ob Du Dich entweder für den Weg der Angst oder der Liebe entscheidest. Jeder einzelne Deiner vier Körper ist gleichermaßen wichtig, damit sie als gemeinsames Team funktionieren können; jeder von ihnen besitzt seine eigene Lebenskraft, Intelligenz und sein eigenes Ego.

In der physischen Welt sucht *jedes Lebewesen* – einschließlich der physischen, emotionalen, intellektuellen und feinstofflichen Körper – *das himmlische Gefühl von Zugehörigkeit, Liebe und Vereinigung.* Sobald Du dieses wichtige und grundlegende Prinzip verstehst, wirst Du wissen, wie Du Deine verschiedenen Körper pflegen und nähren kannst, damit sie optimal funktionieren.

Du suchst nach dem Gefühl der Zugehörigkeit, Liebe und Verschmelzung, das Dich an den Himmel erinnert. Innerhalb des physischen Traums sehnt sich jeder Deiner vier Körper nach Zugehörigkeit, Liebe und Verschmelzung.

Dein Bewusstsein ist das »Ich«, das Deinen Körper versorgt. Das Bewusstsein Deines wahren Selbst fühlt sich bereits geliebt, daher muss es die Liebe weder suchen noch nach ihr verlangen. Im getrennten Bewusstsein des Egos jedoch herrscht ein Mangel an Liebe. Daher sucht das Ego ständig in der Außenwelt nach dem Gefühl von Zugehörigkeit, Liebe und Verschmelzung.

In praktischer Hinsicht bedeutet dies, dass Dein »Ich« (Dein Bewusstsein) Dich in Deinem physischen Traum heilen und ins Gleichgewicht bringen kann, indem es Deinen vier Körpern hilft zu fühlen, dass sie dazugehören, geliebt werden und miteinander verbunden sind. Anstatt irgendeinen Teil Deiner selbst abzulehnen oder zu verurteilen, sei mitfühlend, wie ein Berater, der sich um einen Klienten kümmert. Das bedeutet jedoch nicht, passiv destruktive Angewohnheiten zu akzeptieren. Tatsächlich entwickeln sich diese Angewohnheiten in dem irregeleiteten Versuch, in der Außenwelt Liebe zu erfahren. Sei Dir selbst ein bedingungslos liebender Coach, und Du wirst Dich geliebt und anerkannt fühlen … und nicht im Außen nach diesen Gegebenheiten suchen.

– Dein physischer Körper sehnt sich nach liebevoller Berührung, also sei gut zu Dir, in dem Du Dich selbst liebevoll umarmst; Dich von jemanden in die Arme nehmen lässt, der den Weg der Liebe geht; die fürsorglichen Berührungen eines Massagetherapeuten genießt oder das Kuscheln mit einem geliebten Tiergefährten. *Gehe fürsorglich mit Deinem Körper um.*
– Dein emotionaler Körper muss sich behütet, geliebt und beachtet fühlen. Du kannst Deinen emotionalen Körper pflegen, indem Du auf Deine Gefühle hörst, vor allem die unangenehmen Emotionen. Deine vier Körper sind stets aufrichtig zu Dir, doch vielleicht ist Dein Bewusstsein eingeschüchtert, wenn Deine Emotionen Dich auffordern, Veränderungen vorzunehmen. Wenn zum Beispiel Dein emotionaler Körper in einem Beruf oder einer Beziehung unglücklich ist, wirst Du die Botschaft erhalten, diese schmerzhafte Situation entweder zu heilen oder sie zu verlassen. Du musst Dein Leben nicht von Deinen Emotionen beherrschen lassen oder auf jedes Gefühl sofort reagie-

ren, das in Dir hochkommt – aber Du musst auf sie hören. *Achte darauf, Deine Emotionen zuzulassen und zu verstehen.*

– Dein intellektueller Körper benötigt Ruhe, um die göttlichen Botschaften aufnehmen und verstehen zu können. Einer der Gründe, warum Du vielleicht das Gefühl hast, von Gott getrennt zu sein, besteht darin, dass Dein Geist oder Dein Umfeld zu viele Störgeräusche aussenden, und Du so die kontinuierlichen subtilen Botschaften nicht hören kannst. *Schenke Dir täglich eine Zeit der Ruhe.*

– Dein feinstofflicher Körper passt sich der Energie von allem an, womit er in Kontakt kommt. Daher wird er von der Musik und den Radiosendungen beeinflusst, die Du Dir anhörst; von den Filmen und Fernsehsendungen, die Du anschaust; von Deinen Gesprächen; von den Menschen, mit denen Du interagierst; von Deinem Arbeitsplatz, und so weiter. Dein feinstofflicher Körper wird problemlos auf einer hochschwingenden Frequenz funktionieren, wenn er mit solchen Schwingungen zu tun hat.

Hochenergetische Nahrungsmittel zu essen, wie frisch geerntetes, sonnengereiftes Obst und Gemüse, wird Deine Energie hoch halten. Wenn Du wissen möchtest, ob ein Nahrungsmittel eine hohe Lebensenergie besitzt, halte es in der Hand und frage Dich im Geist, ob es Dich liebt. Hochschwingende Produkte strahlen Liebe aus und werden es Dich wissen lassen.

Niedrige Schwingungen gehen beispielsweise von angstbasierter Musik oder Filmen aus; von Menschenansammlungen, die im Wettstreit miteinander liegen, was den Glaubenssatz des Getrenntseins verstärkt; und von vielen chemischen Stoffen, einschließlich Pestiziden, die entwickelt wurden, um Leben zu töten. Dein Versuch, Dich durch die Einnahme stimulierender Stoffe künstlich »aufzuputschen« und mehr Energie zu gewinnen, hat in Wahrheit den genau gegenteiligen Effekt. Dein feinstofflicher Körper braucht Perioden, in denen er sich neu aufladen kann. Es ist daher wichtig, dass Du Dir bei einem Anflug von Müdigkeit eine Pause gönnst. Ruhe Dich aus, wenn es nötig ist, und Du wirst die Harmonie in Deinem Körper wiederherstellen. *Versorge Dich mit hochenergetischen Nahrungsmitteln, umgib Dich mit Positivem, und ruhe Dich aus, um wieder Deine innere Balance zu finden.*

Harmonisieren ist heilen

Der passendere Begriff für Heilung wäre eigentlich *Harmonisierung*, denn es handelt sich dabei um den Prozess der Enthüllung Deines rundum gesunden Selbst durch die Harmonisierung Deines physischen, intellektuellen, emotionalen und feinstofflichen Körpers.
Wenn Du etwas als unangenehm, schmerzhaft, abstoßend etc. empfindest, achte auf diese Signale. *Anstatt den Versuch zu machen, eine Person, ein Objekt oder eine Situation zu finden, die Dir hilft, Dich geliebt zu fühlen, sei Dir selbst ein liebender Elternteil:*

* Höre auf die Beschwerden Deines physischen Körpers und frage sofort, was er braucht und was Du tun sollst.

- Höre auf die Gefühle Deines emotionalen Körpers und frage, was sie Dir sagen wollen und was sie von Dir benötigen.
- Höre auf die Ideen, Einsichten und Visionen Deines intellektuellen Körpers, und Du wirst einen zuverlässigen Leitfaden erhalten, der Deine Bedürfnisse erfüllt und für Deine Sicherheit sorgt.
- Höre auf die energetischen Fluktuationen Deines feinstofflichen Körpers. Ruhe Dich aus, wenn Du müde bist, und ändere Deine Ernährung und Dein Umfeld, sollte Deine Energie nach einer Ruhepause nicht zur Gänze wiederhergestellt sein.

Wenn Du Deine vier Körper richtig nährst und versorgst, wirst Du gesättigt sein und nichts von außen brauchen, um Erfüllung zu finden. Du wirst das himmlische Gefühl der Zugehörigkeit, Liebe und Vereinigung in Deinem eigenen Inneren spüren. Dann wird der physische Albtraum der Trennung zu einem glücklichen, freudigen Traum, voll stimmiger und angenehmer Erfahrungen.

Mit bedingungsloser Liebe auf Dich selbst zu hören führt dazu, dass sich Deine Gesundheit harmonisiert, die Voraussetzung wahrer Heilung.

6
Das Geschenk der Hingabe

Eine Botschaft über das Loslassen

Der einzige Auslöser, der den Traum der Trennung entstehen hat lassen, war Dein Wunsch zu wissen, was es mit Unabhängigkeit und freiem Willen auf sich hat. Es ist unmöglich, von Deinem Schöpfer getrennt zu sein, außer in einem Traum wie jenem, den Du gerade erlebst. Zugegeben, der Traum ist äußerst realistisch, anhaltend und erfüllt von starken Emotionen. Dir wurde die volle spirituelle Kraft der Schöpfung verliehen, da Du als Ebenbild Gottes erschaffen wurdest. Als Dir diese uneingeschränkte Fähigkeit gegeben wurde, alles zu erschaffen, was Du Dir wünschst, gehörte auch der Versuch dazu, den Traum der Trennung auszuprobieren.

Wie wir besprochen haben, ist alles, was Du aus Liebe erschaffst, erfüllend und dauerhaft, während alles, was aus einer angsterfüllten Motivation heraus entwickelt wird (seien es Unsicherheit, Schuldgefühle, Wut, Rachegelüste, Rivalität und Ähnliches), unbefriedigend und vergänglich ist.

Das Ego sieht sich selbst in Konkurrenz mit Gott, wenn es darum geht, wer der wahre Schöpfer ist. Das Ego besteht hartnäckig auf der Vorstellung, dass die Angst dafür sorgt, dass es in Sicherheit ist, und dass ständige Verteidigungsbereitschaft und Wachsamkeit Gefahren vorhersehen und verhindern können. Das Ego ist stolz auf die Situationen, die es erschafft, selbst wenn es sich dabei um Situationen handelt, die Du als »Desaster« und »Drama« bezeichnen würdest. Das Ego ist einer Person vergleichbar, die ein Baby kneift, um es erst zum Schreien zu bringen und dann das schreiende Baby heldenhaft zu trösten.

So wie die Zutaten, die Du in den Teig gibst, den Geschmack und die Beschaffenheit des Kuchens bestimmen, bestimmen auch Deine ängstlichen oder liebevollen Motive Dein Ergebnis. Wenn Du ein erfüllendes und stabiles Leben bevorzugst, achte darauf, dass Dein Handeln durch Aspekte der Liebe (wie Selbstlosigkeit, Fürsorglichkeit, Freude und Ähnliches) motiviert wird.

Und während großzügiges Geben an sich schon ein liebevoller Akt *ist,* werden wir Engel Dir helfen, dafür zu sorgen, dass Deine Beweggründe, großzügig zu sein, wahrhaft der Liebe entspringen. Zuweilen beobachten wir Menschen, die aus angsterfüllten Gründen, wie zum Beispiel Schuldgefühlen, Einschmeichelversuchen oder dem Versuch Konflikte zu vermeiden, nur *so tun*, als wären sie großzügig, es in Wahrheit jedoch nicht sind.

Großzügig zu sein und zu geben, wenn Du Dich freudig dazu angeleitet fühlst, sorgt dafür, dass Du auf Liebe eingestimmt bist. Daher wirst auch Du großzügig beschenkt, weil Du Eins bist mit allen, denen Du etwas gibst.

Streben und beschuldigen: warum Probleme entstehen

Deine wahre spirituelle Heimat, an die Du Dich entweder bewusst oder unbewusst erinnerst, ist absolut harmonisch. Wie könnte es im Himmel anders sein, da es dort weder unerfüllte Bedürfnisse noch Wettstreit und Konkurrenz gibt?

Daher kannst Du selbst in diesem Traum von einem Leben in einem separaten Körper fühlen, wie es ist, ohne Probleme, Ängste oder Sorgen zu existieren. Sowohl Dein physischer als auch dein emotionaler, intellektueller und feinstofflicher Körper sehnen sich nach Frieden. Die Frage ist, wie kannst Du im Traum der Trennung den Zustand himmlischen Friedens erreichen? So lange Menschen nicht verstehen, wie es um diese Dinge bestellt ist, versuchen sie unermüdlich, durch äußere Mittel Frieden zu finden.

Logischerweise macht es keinen Sinn zu versuchen, *inneren* Frieden durch *äußere* Mittel zu finden. Doch der Traum der Trennung basiert auf der Suche nach dem, wovon Du glaubst, es nicht zu haben. Eine erfüllte Seele kann nur in einer Illusion unerfüllt sein.

Es gibt zwei Hauptkategorien von Handlungsweisen, die zu menschlichen Problemen führen: Streben und Beschuldigen. Beide Handlungsweisen sind Versuche, den gleichen Grad reiner bedingungsloser Liebe zu finden, die jeder im Himmel erfahren hat und an die sich seine Seele ewig erinnern wird:

– **Streben.** Dazu gehört der Versuch, etwas zu erwerben, zu besitzen oder zu verdienen, das Dir die Anerkennung und Wertschätzung anderer sichert. Zum Beispiel ein tolles Auto zu kaufen oder eine Auszeichnung zu erhalten, weil Du Deine Mitmenschen beeindrucken willst.
Anerkennung aufgrund der Dinge, die Du *besitzt* oder *tust*, ist eine synthetische Version der allumfassenden Liebe, die Du im Himmel empfängst, wo Du unein-

geschränkt anerkannt und geschätzt wirst für das, was
Du *bist* – weil Gott die Seele jedes Menschen mit den-
selben herrlichen Fähigkeiten und Gaben erschaffen
hat. Im Himmel fühlst Du die Verwandtschaft aller
Seelen, miteinander verschmolzen in der liebevollen
Umarmung Gottes.

Der Versuch durch Besitz und äußere Faktoren bedingungslose Liebe zu gewinnen, ist ein endloses, vergeb-
liches Streben. Selbst wenn Du weltweite Anerkennung erlangen würdest (was nebenbei bemerkt noch
keinem Menschen gelungen ist), wäre es nicht im Ent-
ferntesten mit dem köstlichen Gefühl der Zugehörigkeit zu vergleichen, das Dir vom Himmel vertraut ist.
Glücklicherweise kannst Du dieses Gefühl der Zugehörigkeit auch innerhalb des Traums der Trennung erfahren – einfach ausgedrückt: Du kannst auch hier auf
der Erde glücklich sein. Wir werden Dich weiterhin
durch unsere Botschaften auf diesen Seiten und solchen, die Dir direkt durch Deine Gefühle, Dein inneres
Wissen, Deine Visionen und Deine spirituelle Wahrnehmung übermittelt werden, in diese Richtung führen.

– Beschuldigen. Dazu gehört, dass man von seinem
Unglück ablenkt, indem man andere dafür verantwort-
lich macht. Anstatt in sich zu gehen und nach einer
Lösung zu suchen, schiebt das menschliche Ego die
Schuld anderen zu: »Die Regierung ist schuld«, »Meine
Eltern sind schuld«, »Mein Ehepartner ist schuld«, und
so weiter.

Äußere Gründe für die eigene Unzufriedenheit zu su-
chen ist ebenso sinnlos wie die Suche nach äußeren Mit-

teln, um glücklich zu werden. Der einzige Grund für das eigene Unglück ist das Gefühl, von der Nabelschnur der fürsorglichen Liebe Gottes abgetrennt zu sein. Doch in Wahrheit ist es unmöglich, von Gott getrennt zu sein, außer im Albtraum der Trennung. Der einzige Weg aus diesem Dilemma besteht darin, aus dem Traum aufzuwachen.

Allgegenwärtiger Gott

Gott ist Dein Schöpfer und die Quelle der Liebe, die Dich erfüllt. Als er Dich erschuf, hat Gott Dich mit sämtlichen spirituellen Gaben ausgestattet. Diese Gaben besitzt Du auch im Traum der Trennung. Du bist nicht aus Deinem himmlischen Zuhause ausgerissen und hast vergessen, Deine wertvollen spirituellen Gaben mitzunehmen. Sie sind Teil Deiner wahren Identität.

Obgleich sich der Traum mit den voneinander separat agierenden Menschen, die alle darum konkurrieren, ihre Bedürfnisse erfüllt zu bekommen, sehr realistisch anfühlt, ist es in Wahrheit so, dass Du und jeder andere die spirituellen Möglichkeiten besitzt, jegliches Problem zu lösen, das sich Dir in diesem Traum stellt.

Gott erschafft, indem er die Liebe leuchten lässt, wie die Sonne, die ihre wärmenden Strahlen aussendet. Es gibt kein Gefühl von Mangel oder Angst davor, dass der begrenzte Vorrat an Liebe oder Licht zu Ende gehen könnte – denn Gott *ist* alles, und Gott *ist* Liebe. Gottes Gegenwart und Liebe sind überall, auch in Deinem Inneren sowie im Inneren jedes Menschen und in jeder Situation.

Und Du erschaffst auf die gleiche Weise, mit jeder liebevollen Handlung, jedem liebevollen Gefühl oder Gedanken. Im physischen Traum der Trennung kannst Du auch mit angsterfüllten Handlungen, Gefühlen, Gedanken oder Energien erschaffen – allerdings ohne die befriedigenden oder dauerhaften Resultate zu erzielen, wie mit der Kraft der Liebe.

Gott ist Weisheit, und Dein Geist ist Eins mit der unendlichen Weisheit des Geistes Gottes. Daher hast Du Zugang zu allen Lösungen für alle scheinbaren Probleme. Wie wir schon erwähnt haben, ist es ein fruchtloses Unterfangen, irgendetwas – einschließlich Antworten – im Außen zu suchen.

Gott hat Dich als ein eigenständiges Universum erschaffen, in dem Dir die Mittel, um alle Deine Bedürfnisse zu erfüllen, kontinuierlich bereitgestellt werden. Doch die einzige Möglichkeit, Erfüllung und folglich Frieden zu erfahren, besteht darin zu erkennen, dass dieser Frieden bereits in Deiner Seele existiert. Jeglicher Versuch, außerhalb Deiner selbst nach Erfüllung und Frieden zu suchen, ist eine Verschwendung von Zeit und Energie und hindert Dich daran, in Deinem *eigenen Inneren* fündig zu werden.

Gott lebt in Dir, und Du lebst in Gott. Keine Situation und kein Aspekt von Dir ist jemals getrennt von Gott, denn Gott ist überall.

In dem Traum des Getrenntseins kann es den Anschein haben, als wäre Gott weit weg und zu beschäftigt, um Deine Gebete zu erhören. Doch da Du selbst ein Schöpfer bist, kannst Du auch im Traum der Trennung erschaffen … doch die Resultate werden unbefriedigend, kurzlebig und wahrscheinlich angsteinflößend und schmerzhaft sein.

Wenn ein Problem auftaucht, gibt es drei Möglichkeiten, damit umzugehen:

1. Streben. Der Versuch, das Problem auf einem äußeren Weg zu lösen, indem Du zum Beispiel etwas kaufst oder gewinnst. Diese Versuche führen immer nur zu einem kurzlebigen Vergnügen, das mit Zufriedenheit und Glück verwechselt werden kann.

2. Beschuldigen. Mit dem Finger auf Personen, Organisationen oder Zustände zeigen, die Dich davon »abhalten«, das Objekt oder den Zustand zu erreichen, von dem Du ausgehst, dass er Dir Glück bringen wird. Das Ego glaubt, dass Du automatisch glücklich sein wirst, wenn Du die Person, der Du die Schuld an der Situation gibst, ausschalten oder verändern kannst. Das Ego wird behaupten, dass es einen »Bösewicht« gibt, der die Misere verursacht, doch einem »Bösewicht« die Schuld zu geben wird nicht dazu führen, dass Du glücklich bist. Ähnlich verhält es sich mit dem Versuch, das Glück von äußeren Umständen abhängig zu machen, zum Beispiel: »Ich könnte glücklich sein, wenn die Welt friedlich wäre.« Und sich selbst die Schuld an der eigenen Misere zu geben ist genauso sinnlos, wie sie anderen zuzuschieben, denn dem Begriff Schuld liegt immer der Gedanke der Trennung von jeman-

dem zugrunde, der »schlecht« ist. Schuld sucht nie
nach Lösungen, noch findet sie je Lösungen außer
Strafe und Rache… und beides führt nicht zum
Glück desjenigen, der andere oder sich selbst be-
schuldigt.

3. Erschaffen. Dazu gehören diese beiden Schritte:
- *Zu wissen*, dass Gott in Deinem Inneren ist sowie im
  Inneren jedes Menschen und jeder Situation. Wenn
  Du Deinen Glauben stärken musst, kann Beten Dein
  angeborenes spirituelles Wissen wiederherstellen.
  Glauben ist glauben, während Wissen bedeutet, et-
  was zu *wissen*.
- Gott *enthüllen* in Dir, in jedem anderen und in jeder
  Situation. Heilung bedeutet, die spirituelle Wahrheit
  zu enthüllen, dass Gott – der Frieden, Gesundheit,
  Fülle und alles ist, was als Gut betrachtet wird – in
  Deiner Seele lebt, in der Seele jedes Menschen und
  in jeder Situation. Eine Möglichkeit besteht darin,
  Gott zu »rufen«, zum Beispiel *Ich rufe Gott an,
  die Liebe zu enthüllen* (oder Gesundheit, Weisheit,
  Fülle oder woran immer es zu »mangeln« scheint)
  die _____ (Name der Person oder
  Situation) *innewohnt.*« Indem Du die oberflächli-
  che Illusion von Problemen aufdeckst, wirst Du immer und unweigerlich Gottes Lösungen finden, um
  die angstbasierten Schöpfungen ungeschehen zu machen.

Gott hat Dir die spirituelle Macht verliehen zu erschaffen, und Dein physischer, emotionaler, intellektueller

und feinstofflicher Körper sendet Signale aus, die Dich umgehend genau wissen lassen, ob Du aus Liebe oder aus Angst erschaffst. Wenn Du aus Liebe erschaffst, wirst Du die vertraute himmlische Wärme, Sicherheit, bedingungslose Liebe und Geborgenheit fühlen. Darüber hinaus leuchtet Dein Glück mit der strahlenden Liebe Gottes, die andere Menschen instinktiv erkennen und zu der sie sich hingezogen fühlen. Wenn Du etwas aus Liebe erschaffst, verhält es sich wie bei dem Sprichwort »Die Reichen werden reicher«, denn Glück schafft immer weiteres Glück.

Wenn Du aus Angst erschaffst, wirst Du Dich einsam, verlassen, kalt und ängstlich fühlen. Wie wir schon gesagt haben, führt Dich der Versuch, diese Gefühle durch äußere Mittel des Strebens und Beschuldigens zu »kurieren«, nur immer weiter weg von wahrem und dauerhaftem Glück. Daher können Probleme weder gelöst werden, indem Du anderen die Schuld an Deiner Misere gibst, noch indem Du Dir Objekte oder Fertigkeiten aneignest.

Das Geschenk der Hingabe

Dein Geist und der Geist Gottes sind vollkommen und auf ewig verbunden. Was bedeutet, dass Du vollen Zugang hast auf die größte Datenbank und den weisesten Berater des Universums! Alles, was Gott gehört, gehört auch Dir.

Du kannst Dir die Verschmelzung Deines Geistes mit dem Geist Gottes als Deinen »höheren Geist« vorstellen – im Gegensatz zu dem von angstvollen Gedanken dominierten »niederen Geist«, der zu angstbasierten Entscheidungen führt.

Wenn Du Dir angewöhnst, Deinen höheren Geist und Gott (die Eins sind) zurate zu ziehen, um Antworten und Führung zu erhalten, und dann dieser Führung folgst, wirst Du in Frieden den sanften Weg der Liebe gehen.

Bevor Du Entscheidungen triffst, halte einen Moment inne und wende Dich Gott zu, der Dir immer und überall Führung anbietet. Dieser ungehinderte Zugang zu Gott ist ein Geschenk, das Dir mitgegeben wurde, und wenn Du Gott nicht zurate ziehst, verpasst Du die Segnungen, die mit diesem Geschenk einhergehen.

Manche Menschen beschließen, Gott nicht um Hilfe zu bitten aufgrund der Sorge, dass Gott zu beschäftigt ist oder ihre Probleme nicht wichtig genug sind, um der göttlichen Aufmerksamkeit wert zu sein. Dies ist ein limitierender Glaubenssatz, der unnötigen Schmerz und Leid hervorruft.

Stell Dir vor, wie anders Dein Leben wäre, wenn Du der Führung Gottes und Deines höheren Geistes folgen würdest. Genieße den tiefen Frieden, der Dich umgibt, wenn Du erkennst, dass dies eine Art zu leben bedeutet, die vergleichbar ist mit der Rückkehr nach Hause in den Himmel.

Dein Schöpfer, so wie jeder liebende Elternteil, leitet Dich stets an, in allen Situationen den Weg der Liebe zu wählen. Für den Schöpfer gibt es keine andere Option als Liebe.

Da Dein Geist bereits von Anfang an mit dem Geist Gottes verschmolzen ist, hörst Du bereits die liebevollen Gedanken Gottes in Deiner Seele. Ob Du diese Konversation bewusst wahrnimmst oder nicht, unterliegt der Entscheidung Deines freien Willens. Aus diesem Grund bedeutet Gott zu konsultieren nicht, im Außen nach Erkenntnis zu suchen, so als würdest Du auf einem Berggipfel nach einem Guru Ausschau halten. Gott ist genau hier, in Deinem eigenen Geist, so wie Du im Geiste Gottes bist. Ihn zu konsultieren bedeutet einfach, Dir der liebevollen Stimme in Deiner Seele bewusst zu werden. Sie ist die sanfte, jedoch starke Führung, die Du fühlen, sehen, erkennen und hören kannst. Diese Führung ist vollkommend einleuchtend und klingt aufrichtig und wahr.

Solltest Du vergessen, Dich vor einer Entscheidung mit Gott zu beraten, liefern wir Engel klare Empfehlungen Gottes – besonders dann, wenn Du um unsere Hilfe bittest. Unsere Führung, gepaart mit der Berücksichtigung des Feedbacks Deines emotionalen Körpers (fühlt sich die Entscheidung zum Beispiel irgendwie »falsch« an, oder fühlt sie sich angenehm an?), führt Dich immer zurück auf den Weg der Liebe, von dem Du gekommen bist.

Der innere Kampf, nicht zu wissen, was zu tun ist und daher keine Entscheidung treffen zu können, setzt ein, wenn Angst die Kontrolle an sich reißen will. Angst suhlt sich immer in der Vorstellung eines Schreckensszenarios, wie ein in Panik geratenes eingesperrtes Tier. Wie kann man dieser Kraft vertrauen, etwas Positives zu erschaffen, wenn die Schöpfung immer eine Reflexion dessen ist, der sie erschafft? Die Angst zurate zu ziehen, bevor Du eine Entscheidung triffst, hat endloses Drama und Leid zur Folge.

Selbst der Begriff *Hingabe* oder *Loslassen* schafft mehr Angst auf dem angstbasierten Weg, da Angst besessen ist von dem Verlangen nach Kontrolle. Für das Ego bedeutet Hingabe das Gleiche wie Verlieren, sich dem Feind auszuliefern und damit Schwäche und Niederlage einzugestehen.

Wie anders sieht Dein höherer Geist die Hingabe! Hier definieren wir *Hingabe* als ein Hineinsinken in die köstlich wohltuende Umarmung der Liebe Gottes. Auf dem Weg der Liebe ist Hingabe dasselbe wie »Entspannen«.

Und es ist wahrhaft entspannend, alles Gott und Deinem höheren Geist zu überlassen. Keine Kämpfe und Zweifel mehr, nur ein ebener, weit offener Weg, auf dem Du mühelos und mit vollkommenem Vertrauen dahingleitest.

Das Ego fürchtet, seine Individualität oder Persönlichkeit zu verlieren, wenn es sich Gott hingibt, da es keine Erinnerung hat an die köstliche Verschmelzung mit Gott, die Dein wahres spirituelles Zuhause ist. Das Ego hat keine Ahnung, wie es ist, sich sicher, geborgen und angenommen zu fühlen. Für das Ego bist »Du« die Verkörperung all seiner Ängste, und diese Ängste zu verlieren würde bedeuten, dass es seine eigene Lebenskraft verliert.

Es ist nicht ratsam, Dich auf einen Krieg mit dem Ego einzulassen, indem Du versuchst, diesem furchtsamen Gegner die Kontrolle zu entreißen. Das Ego liebt Rivalität und Auseinandersetzungen und ist besessen von dem Verlangen, um jeden Preis zu gewinnen. Anstatt zu kämpfen, um die Angst zu überwinden, damit Du Deine Probleme Gott überlassen kannst, sende Liebe an den Teil Deines Wesens, der sich im inneren Kampf befindet. Sende Liebe an Dein Ego. Sende Liebe an die Angstenergie. Sende Liebe an den Teil Deines Wesens, der Angst hat. Sende Liebe an Deine Angst vor Hingabe und Deinem Wunsch nach Kontrolle. Habe Mitgefühl mit Deinem Traum der Trennung, geboren aus der Fantasie, das Universum zu beherrschen. Angst schmilzt dahin in der Gegenwart bedingungsloser Liebe und mitfühlenden Verständnisses. So wie ein Feuer mit Wasser gelöscht wird, kühlt Liebe jede Wut, Angst, Schuld und andere Auswüchse der Angst. Stell Dir eine liebevolle Mutter vor, die ihr schreiendes Baby tröstet, und Du wirst fühlen, wie sich die Energie des Mitgefühls auf Dein eigenes Selbst erstreckt ... und somit auch auf Dein Ego. Liebe Dich so, wie Gott Dich liebt: allumfassend und bedingungslos. Liebe Deinen physischen, emotionalen, intellektuellen und feinstofflichen Körper und höre voller Mitgefühl auf das, was sie Dir sagen wollen. Doch befolge ihren Rat erst, nachdem Du Gott konsultiert hast.

Wenn das, was Du erschaffen hast, auf Angst basiert, kannst Du Gott immer um eine Himmelsleiter bitten, um wieder hinauf auf die Ebene der Liebe zu steigen. Das ist der Moment, in dem wir die Wirksamkeit von Gebeten erkennen, in dem die Energie von Angst zu Liebe wechselt, auf dass Heilung eintreten kann. Ver-

suche nicht, etwas mit Deinem niederen Selbst gerade-
zubiegen, wenn doch Dein höheres Selbst stets die per-
fekte Lösung bereithält.

Gott ist ständig mit Dir in Verbindung, bereit und an-
sprechbar, und es ist unmöglich, Gott zu »stören« oder
zu »verärgern«. Die miteinander verschmolzene, ewige
Einheit mit Deinem Schöpfer gibt Dir totalen Zugang
zu einer unendlichen Bibliothek voller Informationen,
Antworten, Erkenntnisse und Lösungen.

Es ist so viel einfacher, Gott *vor* einer Entscheidung
zu konsultieren, als nach dem Umweg über die Angst
um ein Wunder zu beten. Warum nicht von Anfang an
Probleme vermeiden, indem Du es Dir zur Gewohnheit machst, die göttliche Weisheit um Rat zu bitten,
bevor Du aktiv wirst?

Erneute Hingabe an Gott

Den meisten Menschen bricht es das Herz, wenn sie
erkennen, dass dauerhaftes, erfüllendes Glück nicht im
Außen gefunden werden kann. Du könntest die groß-
artigsten Ziele erreichen, das herrlichste Produkt erwerben, das köstlichste Mahl zu Dir nehmen und welt-
weit Auszeichnungen gewinnen, und dennoch würden
diese Äußerlichkeiten nicht zu dauerhaftem Glück
oder Erfüllung führen.

Vielleicht bieten diese äußeren Dinge flüchtige Momente der Befriedigung, doch weder können sie andau-
ern, noch können sie zusammengefügt werden, um ein
langes Intermezzo des Glücks zu schaffen. Du kannst
das wohlschmeckende Essen genießen, was etwas völ-

lig anderes ist, als auf dieses Essen angewiesen zu sein, um Sinnhaftigkeit und Erfüllung zu erlangen. Wenn Du einen höheren Sinn dadurch zu finden suchst, köstliche Dinge zu essen, wird dies zu Esssucht führen in dem Versuch, ein Gefühl der Befriedigung und Erfüllung zu erreichen. Das Gleiche gilt für andere Arten von Suchtverhalten.

Die Zeit ist gekommen, um die äußere Suche aufzugeben und zu erkennen, dass diese Welt nichts bereithält, das Dich auf die gleiche Weise zu beglücken vermag wie die Erfüllung, an die Du Dich aus dem Himmel erinnerst. Ein Trauerprozess beginnt, wenn Du erkennst, dass Du Zeit vergeudet hast mit der Jagd nach sinnlosen Zielen, die Dir nie das gaben, was Du Dir davon versprochen hast. Traurigkeit und das Gefühl, dass Deine ganze Welt zusammenstürzt, können dazu führen, dass Du Dich extrem verletzlich fühlst und Deiner selbst unsicher wirst.

Dieser Prozess und diese Gefühle sind Teil der Auswirkungen, wenn Du Dein Ego von den künstlichen Ersatzdrogen für den Himmel entwöhnst. Der glitzernde Tempel, erbaut, um das Ego zu glorifizieren, stürzt krachend ein.

Dich dieser »dunklen Nacht der Seele« und dem damit einhergehenden tiefen Kummer zu stellen führt zu dem Segen, dass sich Dein Herz der wahren Quelle dauerhaften Glücks und Erfüllung öffnet. Das ist es, was Hingabe bedeutet: Die äußere Suche nach Glück aufzugeben und zurückzukehren in die wohlige Umarmung der Liebe Gottes. Das ist der Augenblick, in dem Du zum Himmel und zu Deinem himmlischen

Bewusstsein zurückfindest, während Du nach wie vor physisch auf der Erde lebst. Du widmest den Rest Deines irdischen Lebens der Selbstlosigkeit in der Erkenntnis, dass dies der einzige Weg ist, der die Einheit und das Glück Deines himmlischen Zuhauses widerspiegelt.

Du setzt den Traum des Lebens in einem getrennten physischen Körper weiterhin fort; doch anstatt Deine irdischen Ressourcen durch fruchtlose Unternehmungen zu verausgaben, widmest Du Dich einem sinnvollen und selbstlosen Dienst an der Welt. Indem Du anderen Menschen, Tieren und der Umwelt hilfst, hilfst Du Dir selbst, Dich erfüllt und wahrhaft glücklich zu fühlen. Investiere die gleiche Menge Zeit, Geld und Energie, die Du für ein kurzlebiges Vergnügen eingesetzt haben würdest, um stattdessen die dauerhafte Erfüllung durch das Wissen zu genießen, dass Du Deinen Teil zum Guten beigetragen hast. Und indem Du gibst, empfängst Du alles, was für Dich von Bedeutung ist.

7

Gott ist Glück

Eine Botschaft über erhörte Gebete

Wir haben gesehen, welche Verwirrung eintritt, wenn ein Mensch erkennt, wie sinnlos die äußere Suche nach Glück ist. Dann fängt er an, nach innen zu schauen, und die Suche nach dem Glück geht weiter.

Daher möchten wir Dir erklären, dass jede Form der Suche nach Glück – egal ob in Deinem Inneren oder im Außen – die Tatsache verleugnet, dass das Glück bereits hier ist. Liebes Wesen, Du musst nicht nach etwas suchen, was bereits da ist. Es ist nicht nötig, innerlich zu suchen, um einen »verborgenen« Schatz zu finden, wenn das, was Du suchst, schon jetzt offen vor Dir liegt.

Lass uns an den Anfang zurückkehren, als Gott Dich nach seinem Ebenbild erschaffen hat:

– Gott ist Glück. Daher *hast* Du Glück nicht, denn das würde bedeuten, dass es sich um einen von Dir getrennten Besitz handelt – Du *bist* Glück. Glück ist Deine wahre Identität und das, was Du jetzt und immerdar bist.

Wenn Du Dich also nicht glücklich fühlst, ist das genauso, als würdest Du Dich selbst nicht fühlen. Du kannst Glück nicht verlieren, es kann Dir nicht abhandenkommen oder genommen werden, denn *Du bist es*. Du kannst jedoch den Kontakt mit der Wahrheit verlieren und glauben, dass Du unglücklich bist, was wiederum bedeutet, dass Du in dem Moment nicht ganz Du selbst bist.

Du brauchst die Suche nach Glück, innerem Frieden, Gesundheit oder irgendeiner anderen Qualität nicht unnötig komplizieren. *Es ist egal, ob Du Dich in einem*

Einkaufszentrum oder in einem Selbstfindungsseminar auf der Suche nach Glück befindest. Beides sind Zeichen dafür, dass Du die Tatsache nicht akzeptierst, bereits glücklich, voller Frieden und erfüllt zu sein. Innerlich zu suchen ist immer noch Suchen, und der Prozess des Suchens entfernt Dich von der Erfahrung des Seins. Im Gegensatz dazu bedeutet wahre Stille, die gegenwärtige Liebe, die tiefe Erfüllung und die Kraft der Gaben zu genießen, die Dich ausmachen. Wie kannst Du etwas genießen, wenn Du es gleichzeitig suchst? Hör auf zu suchen und genieße, wer Du bist.

– **Gott ist Frieden.** Daher musst Du nicht stundenlang meditieren, zahllose Bücher lesen, an exotische Orte reisen, Bücher veröffentlichen, eine heiltherapeutische Praxis aufbauen oder irgendetwas anderes tun, um inneren Frieden zu erlangen. Du *bist* bereits im Frieden, denn das ist es, was Du in Wahrheit bist.

– **Gott ist Gesundheit.** Daher musst Du Heilung nicht in der Zukunft suchen, sondern Deine Gesundheit im *jetzigen Moment* genießen … und dann erleben, dass Du gesund bist und es Dir an nichts fehlt.

– **Gott ist Liebe.** Daher bist Du Liebe, liebevoll, geliebt und liebenswert. Die Gesamtheit Gottes, die alle Menschen umfasst, liebt Dich vollkommen und bedingungslos.

– **Gott ist Erfüllung.** Gott hat keine Bedürfnisse, und das Gleiche gilt auch für Dich. Im Traum, der Dir vorgaukelt, in einem separaten physischen Körper zu leben, entspricht alles dem genauen Gegenteil der himmlischen Wirklichkeit:

- In spiritueller Wahrheit bist Du Eins mit Gott. In dem Traum bist Du von Gott getrennt.
- In spiritueller Wahrheit bist Du Eins mit jedem Lebewesen. In dem Traum habt Ihr getrennte Körper.
- In spiritueller Wahrheit hast Du keine Bedürfnisse. In dem Traum musst Du arbeiten, um Deine Bedürfnisse zu erfüllen.
- In spiritueller Wahrheit lebst Du mit jedem in liebevoller Harmonie. In dem Traum prallen Egos aufeinander und konkurrieren miteinander.

Der Traum der Trennung von Gott ist furchterregend, denn er bedeutet eine Trennung von der universellen Quelle, was Dich in eine bizarre und entgegengesetzte Welt geworfen hat. Du kannst Dich an einem Ort, wo Angst die vorherrschende Macht ist, nie sicher fühlen oder Dich dem Genuss Deines göttlichen Selbst hingeben. Du kannst jedoch Dein göttliches Selbst und die ganze göttliche Macht, aus der Du bestehst, nutzen, um Deinen Traum in eine erfüllende und angenehme Erfahrung umzuwandeln.

Die Macht, als die Gott dich erschaffen hat

Wir haben wiederholt betont, dass die physische menschliche Erfahrung ein realistischer Traum ist, dem Du Dich hingibst, während Du in Deinem himmlischen Zuhause in der wohligen Umarmung der Liebe Gottes ruhst. Der Traum begann mit der Idee, dass Du Deine gottgegebene Macht des Schöpfens nehmen und

Deine eigene Welt erschaffen könntest, in der »Du« die
Kontrolle hast. So kam es, dass das Ego seinen Anfang
nahm – als ein scheinbar Gott entgegengesetzter Wille.
Bist Du vielleicht in diesem Traum gefangen? Ist der
physische Tod die einzige Möglichkeit, um dem Traum
zu entfliehen? Die Antwort auf beide Fragen lautet:
Nein.
Genauso wie in einem nächtlichen Traum, wo Du
das Resultat nach Deinen Wünschen steuern kannst,
kannst Du auch den Traum der Trennung steuern.
Mit »steuern« implizieren wir nicht, dass Du alles und
jeden kontrollieren würdest. Obgleich Du so macht-
voll bist, wie Gott Dich erschaffen hat, ist der Wunsch
nach Kontrolle ein weiteres Beispiel für die Suche nach
Glück durch äußere Umstände. »Herrscher der Welt«
zu sein ist ein Versuch, sich geliebt zu fühlen (was Du
bereits bist) und besonders (ein Ziel des getrennten
Egos, das andere Menschen besser oder schlechter sehen will als sich selbst, um die Illusion von Trennung
aufrechtzuhalten).
Vielleicht ist es am besten, das Gleichnis der Träume
weiterzuführen, die Du des Nachts im Schlaf erlebst.
Wahrscheinlich würdest Du zustimmen, dass manche Träume angenehm sind, während es sich bei anderen um aufwühlende Albträume handelt. Dann gibt
es noch luzide Träume, in denen Du Dir bewusst bist,
dass Du träumst. In luziden Träumen kannst Du bewusste Entscheidungen treffen, um die Handlung und
Richtung des Traums zu verändern. Auf diese Weise
kannst Du fantastische Dinge erfahren, zum Beispiel
Dich in die Luft zu erheben und zu fliegen, Dich zu

verwandeln und Deine Form nach Belieben zu verändern, romantische Episoden zu erleben und vieles mehr.

Mit dem Traum der Trennung verhält es sich genauso. Sobald Du Dir der Tatsache bewusst wirst, dass Du in Wahrheit daheim in Deinem himmlischen Zuhause bist und nur *träumst*, Du seist in einem separaten physischen Körper, kannst Du bewusste Entscheidungen treffen, um die Handlung und Richtung des Traumes zu verändern.

Gott hat Dir nicht einfach nur Macht *verliehen* – Gott hat Dich als Macht *erschaffen*. Du *bist* die Macht, die alles haben, sein, erreichen und tun kann. Du unterliegst keinerlei Beschränkungen, keinen Grenzen – überhaupt keinen.

Jetzt ist Dein Leben ein luzider Traum, bei dem Du die Regie führst. Die Frage ist nun: In welche Richtung soll Dein Traum gehen?

Bei vielen Menschen richtet sich der Wunsch auf das Erlangen äußeren Besitzes und Erfahrungen. Und Du kannst diese Erfahrungen haben und so viele Dinge ansammeln, wie Du möchtest. Dies kann der Auslöser sein, um zu verstehen, dass – egal wie viel Du erreichst und empfängst – weiterhin ein schwelendes Gefühl der Leere zurückbleibt. Keine noch so großen Reichtümer, opulenten Gelage, akademischen Titel, Beziehungen, Auszeichnungen oder Belohnungen können diese Leere füllen.

In solchen Momenten beten wir darum, dass Du in Deinem Traum nach wahrer Erfüllung suchst anstatt nach endloser Leere. Bitte höre unsere Worte: Du kannst definitiv ein sicheres, komfortables, angenehmes und erfüllendes Traum-Leben haben. Du besitzt die gottgegebene Macht, umgehend alles zu erschaffen, was Du brauchst als *Fundament* für Deinen selbstlosen Dienst an der Welt. Gott möchte nicht, dass Du unter Armut leidest, während Du anderen hilfst, denn Gott sieht niemals Mangel, egal in welcher Form. Indem Du annimmst, dass immer dann, wenn Du etwas bekommst, ein anderer nichts bekommt, ziehst Du Mangel und Einschränkungen an – wobei in Wahrheit weder das eine noch das andere existiert, außer auf dem Weg der Angst.

Dein Traum der Trennung kann so angenehm sein wie jeder glückliche Traum, den Du im Schlaf erlebt hast. Benutze Deine gottgegebene Kraft, um den wunderbaren Weg der Liebe zu erleben. Schaffe Dir eine liebevolle Familie, ein angenehmes Zuhause, umfassende Gesundheit und alles, was Du als wünschenswert erachtest. Aber glaube nicht, dass Dir diese Erfahrungen allein zu der tiefen Erfüllung verhelfen, an die Du Dich aus Deiner Zeit im Himmel erinnerst.

Diese angenehmen Erfahrungen sind Deine Kulisse, sie stehen nicht im Vordergrund. Sei nicht besessen von Deinem Zuhause, Deinem Eigentum, Deiner Arbeit oder Deinen Finanzen, sondern sei dankbar für alles, was zu besitzen Du Dir ausgesucht hast. Du führst die Regie in diesem luziden Traum, und Du kannst wählen, ob Du die Handlung und die Richtung verändern möchtest.

Wir haben über die Wege der Liebe und der Angst gesprochen, und dass Deine auf selbstloser Liebe basierenden Werke dauerhaft und erfüllend sind, während Deine Handlungen, die auf Egoismus und dem Wunsch basieren, besser zu sein als andere (getrennt von anderen), kurzlebig und unbefriedigend sind.

Die wahre Natur des Betens

Du, dem die ganze Macht des Universums zur Verfügung steht, solltest Dich beim Manifestieren nicht auf Taschenspielertricks beschränken. Vielmehr kannst Du aus Deinem Traum ein herrliches Meisterwerk mit einer inspirierenden und glücklichen Handlung machen. Das optimale Mittel, um Deinen filmähnlichen Traum zu dirigieren, ist Beten. Für die meisten Menschen ist Beten, wie wenn sie ein weit entferntes Komitee um etwas bitten, das dieses Ersuchen dann entweder gutheißt oder auch nicht. Auf diese Weise werden abergläubische Rituale entwickelt mit dem Ziel, an Gottes Gnade zu appellieren.

Wir nehmen einen unbewussten Widerstand gegen das Beten wahr, wie bei Teenagern, die sich dagegen auflehnen, ihre Eltern um den Autoschlüssel bitten zu müssen. Daher ist es beruhigend zu erkennen, dass Beten nicht bedeutet, an eine übergeordnete und getrennte Autoritätsfigur zu appellieren – denn Gott lebt in Dir, und Du in ihm. Deine liebevollen Gedanken sind buchstäblich Gottes Gedanken, die Dich durchströmen.

Beten bedeutet Wählen.

Beten bedeutet die Regie zu führen.

Beten bedeutet zu entscheiden, wie die nächste Szene in Deinem Traumfilm aussehen wird.

Brauchst Du Gottes Erlaubnis, um Regie zu führen und zu entscheiden? Diese Sorge basiert darauf, Gott als eine weit entfernte Autoritätsfigur zu betrachten – ein gewohnheitsmäßiger Glaubenssatz, und es kann eine Weile dauern, ihn durch die folgenden Erkenntnisse zu ersetzen:

Es gibt keine Trennung zwischen Dir und Gott: Du bist für immer mit Gott verschmolzen;
und
Gott hat Dich mit der Macht erschaffen, selbst schöpferisch tätig zu sein.

Gleichwohl hast Du die Macht, aus Angst oder aus Liebe zu erschaffen. Alles aus Liebe Erschaffene ist dauerhaft und erfüllend. Alles aus Angst Erschaffene ist Teil des unwirklichen Traums der Trennung und kann daher weder dauerhaft sein noch Erfüllung bringen.
Weder straft Gott, noch blockiert, prüft oder verweigert er; Du kannst jedoch die Dir verliehene Macht nutzen, um angstbasierte Strafen, Blockaden und Prüfungen zu erfinden. Du hast die Macht, je nach Wahl die Regie in einem Film zu führen, der eine Tragödie, eine Komödie oder ein inspirierendes Meisterwerk ist.
Anstatt also darum zu bitten, dass Deine Gebete erhört werden, bitte um himmlische Führung bezüglich dessen, was Du erschaffen sollst.
Gott zu konsultieren, bevor Du eine Entscheidung triffst, ist so, als würdest Du Dein höheres Selbst oder den Heiligen Geist konsultieren – mit anderen Worten, um Führung auf dem Weg der Liebe zu bitten.

Manchmal jedoch ist die Angst so beherrschend, dass es Dir unmöglich scheint, Deine Gedanken auf Gott zu richten. Das ist der Moment, wenn Du Dich an Jesus wenden kannst, oder an uns Engel und andere Wesen reiner Liebe, um Dein Bewusstsein auf eine höhere Ebene zu bringen.

Täusche Dich nicht: Gott hört und fühlt Dich, ob gefangen in Angst oder beseelt von der Herrlichkeit der Liebe. Es gibt niemals Zeiten, in denen Deine Gebete nicht gehört oder ignoriert werden.

Sollten Deine Gedanken jedoch vernebelt und Deine Gefühle betäubt sein, kannst Du unter Umständen weder Gottes Weisheit hören noch seine Liebe fühlen. Auch dies ist wieder der Moment, in dem Du Dich an Jesus oder uns Engel wenden kannst, damit wir Dich auf die Ebene der Liebe heben und Dich daran erinnern, Gottes Weisheit bei *allem* zurate zu ziehen.

Wenn Du für andere Menschen betest, wählst und gestaltest Du Deinen Wünschen entsprechend in ihrem Namen. Vergiss jedoch nie, dass die anderen Menschen ebenso ihren Traum wählen und gestalten. Daher wird ein Gebet für jemand anderen vielleicht nicht in die von Dir gewünschte Richtung führen, da jedes Individuum im Traum der Trennung seinen eigenen Traum wählt und lenkt.

Wir betonen dies, weil wir immer wieder Menschen vom Glauben abfallen sehen, wenn sie den Eindruck haben, dass ihre Gebete nicht erhört werden. Sie beten für die Gesundheit eines Menschen, doch stattdessen erliegt derjenige seiner Krankheit. Erinnere Dich, dass der Weg der Angst darin besteht, andere zu beschuldigen, und dazu gehört, Gott »die Schuld« am scheinbar vorzeitigen Tod eines Menschen zu geben.

Im Traum der Trennung sind Schuldzuweisungen etwas Alltägliches. Sie helfen Menschen, eventuelle eigene Schuldgefühle abzuwenden und eine Erklärung für das zu finden, was ihnen widerfährt.

Tatsache ist, dass der Traum der Trennung in jeder scheinbar getrennten Seele stattfindet. Du, so wie alle anderen, entscheidest Dich für eine separate »Filmhandlung« innerhalb des Traums und übernimmst die Regie. Hier kommt der Glaubenssatz des freien Willens ins Spiel.

Gehen wir mal davon aus, dass Du derjenige bist, der für jemand anderen betet mit der Bitte, er möge von einer Krankheit geheilt werden, doch stattdessen stirbt derjenige. Würdest Du Gott »vorwerfen«, Dein Gebet nicht erhört zu haben? Wie wäre das möglich, wenn doch jedes Gebet gehört und beantwortet wird?

Was wäre, wenn Deine Filmhandlung sich von jener der anderen Person unterscheidet, für die Du betest?

Jedem Menschen, der sich mit ernsthaften gesundheitlichen Problemen konfrontiert sieht, werden von seinen Schutzengeln die diversen potenziellen Resultate und Entscheidungsmöglichkeiten gezeigt. Daher kann es sein, dass der Person in diesem Beispiel vielleicht gezeigt wurde, dass – sollte sie physisch überleben – ihre Familie sie medizinisch versorgen müsste. Und dann wurde ihr die Alternative gezeigt, ihren physischen Körper zu verlassen, und wie ihre Familie zwar trauern würde, aber letzten Endes »der Last enthoben« wäre, ständig für sie sorgen zu müssen. Also entscheidet sie sich, den physischen Traum zurückzulassen, weil sie dies als das liebevollste Geschenk sieht, das sie ihrer Familie machen kann. Sie hat die Wahl.

Hätte sie die dritte Möglichkeit der völligen Genesung wählen können, um weiterhin physisch mit ihrer Familie zusammenzuleben, ohne ihre Fürsorge in Anspruch nehmen zu müssen? Selbstverständlich! Alles ist möglich mit der Dir innewohnenden Macht der Wahl. Als Nächstes werden wir darüber sprechen, aus welchem Grund Menschen sich für einen Weg entscheiden, der alles andere als optimal scheint.

8

Das Licht des Erwachens

Eine Botschaft über die Möglichkeit
zu wählen

Das volle Bewusstsein darüber zu erlangen, Eins mit Gott zu sein, ist ein Prozess, der verschiedene Schritte umfasst:

* *Erstens*, ein Funke intellektueller Neugier, beispielsweise ausgelöst durch das Hören oder Lesen einer Diskussion über das Einssein.
* *Zweitens*, Nachsinnen über diese Möglichkeit und ihre Folgen.
* *Drittens*, eine mystische Erfahrung, die Neugier weckt bezüglich der Nähe Gottes.
* *Viertens*, eine Abkehr von der Angst vor Gott hin zur Erfahrung der wohltuenden Berauschtheit von der Liebe Gottes.
* *Fünftens*, ein fester Glaube daran, dass Gott allumfassend ist, doch immer noch mit der Überzeugung, von Gott getrennt zu sein.
* *Sechstens*, immer häufiger eintretende Erfahrungen, die Dir zeigen, dass Du Eins bist mit allen anderen.
* *Siebtens*, der Wunsch, das Bewusstsein des Einsseins wiederzuerlangen, begleitet von inständigen Gebeten und der Bitte an Gott, Dich aus dem Trennungs-Traum des Egos zu erlösen.
* *Achtens*, die Angst die Kontrolle zu verlieren, wird fallen gelassen und an Gott übergeben, damit Du Dich vom Trennungs-Traum des Egos lösen kannst.
* *Neuntens*, Du bewegst Dich in beiden Welten gleichzeitig – Du siehst die getrennte Welt des Egos als einen Traum und empfindest Mitgefühl für alle, die weiterhin träumen.

- *Zehntens,* Du machst es Dir zur Gewohnheit, Gott und Dein höheres Selbst zu konsultieren, bevor Du Entscheidungen triffst.
- *Elftens,* Du fühlst und erfährst kontinuierlich Gottes Liebe. Du erfreust Dich an Deinem irdischen Leben.
- *Zwölftens,* durch Dein positives Beispiel lehrst Du andere, Gott zu vertrauen.

Dies ist keine Liste, um »spirituelle Leistungen« zu messen, wie es das Ego gerne tun würde. Sie ist lediglich ein verallgemeinerter Leitfaden der Entwicklung vom Moment des Einschlafens bis zum Moment des Aufwachens.

Wir Engel haben kein Ego und keine Erwartung bezüglich des Moments, wann und wie Du aufwachst. Unsere ganze Aufmerksamkeit ist darauf gerichtet, Dich an Deine wahre göttliche Natur zu erinnern – ein Wissen, das automatisch mit einem Gefühl von Glück und Geborgenheit einhergeht.

Sich den Ängsten des Erwachens stellen

Wenn Du einen Freund wecken würdest, der in einem Albtraum gefangen ist, würde er vorübergehend verwirrt sein, überzeugt, dass der Albtraum real war. Genauso verhält es sich bei unseren menschlichen Gefährten, denen wir zugewiesen sind.

Wir sind Zeugen des Lichts des Erwachens, bald gefolgt von der trübenden Dunkelheit des Vergessens, zwischen dem Weg der Liebe und der Angst schwankend, bis schließlich die Entscheidung getroffen wird, das wahre und dauerhafte Glück zu wählen.

Wenn wir Engel Dir ein friedliches, von Liebe erfülltes Leben für Dich selbst und alle anderen versprechen, übergibt Gott Dir durch uns den Schlüssel zu allem, was Du Dir wünschst. Und es ist weder mit Kosten noch mit Opfern verbunden ... außer für das Ego, das beim Gedanken daran, die Kontrolle zu verlieren, ins Zittern gerät.

Welche Ängste kommen hoch, wenn Du daran denkst, Dich vollkommen und bedingungslos Gott hinzugeben? Die Angst, kontrolliert zu werden, verhöhnt zu werden, Deine Individualität aufzugeben oder irdischen Vergnügungen abschwören zu müssen? Diese Ängste sind die Marionettenfäden, an denen das Ego zieht, um Dich zu kontrollieren.

Das Ego warnt Dich, dass Du den Spaß am Leben verlieren wirst, ebenso Deine Individualität, wenn Du Dein Leben Gott übergibst. »Das Leben wird langweilig sein, niemand wird Dich bewundern, und Geld wirst Du sowieso keins haben«, sagt das Ego.

Die Stimme der Angst wendet sich auch an Deine »Achillesferse«, das heißt an Deine individuellen Ängste und Deine verletzliche Seite. Wenn Du Dich also davor fürchten solltest, dass geliebte Menschen Dich verlassen, auslachen oder Dir die Freundschaft kündigen werden, handelt es sich dabei um spezifische Beispiele, die Dir das Ego vorgaukelt. Das Ego verwendet immer Schreckensszenarien und gibt vor, Deine Intuition zu sein, die Dich vor einer schlimmen Zukunft bewahrt.

Die Stimme der Angst behauptet, dass Menschen, die sich dem Willen Gottes unterordnen, gezwungen sind, ein asketisches Leben in Armut zu führen. Wir wollen uns daran erinnern, dass »hingeben« in Wahrheit bedeutet, freudig Gott zu konsultieren, um sicherzugehen, dass Deine Handlungen auf Liebe und nicht auf Angst ausgerichtet sind.

Aus dieser Perspektive betrachtet sehen wir, dass jene Menschen am glücklichsten sind, deren Leben erfüllt ist von Harmonie. Ihr Einkommen variiert, ebenso ihre Leistungen. Doch sie alle verbindet, dass sie ihr Leben der Freude widmen: Eine überschwängliche Existenz voller Dankbarkeit und Segnungen mit der Gabe, Freude zu verbreiten, wo immer sie sind.

Die Angst davor, die Kontrolle zu verlieren, ist in Wahrheit die Angst, gesagt zu bekommen, was man tun soll. Das Ego ist ein Rebell, der keinen Rat wünscht; der Führung mit Kritik gleichsetzt; und die Idee, jemand anderen zu konsultieren, als Zeichen der Schwäche versteht. Ironischerweise jedoch hat das Ego kein Problem damit, Dir zu sagen, was *Du* tun sollst. Und wenn Du nicht parierst, bestraft es Dich mit Angst.

Das Ego will, dass Du ein separates Universum bist, mit ihm als König und Dir als seinem Untertan. Es warnt Dich, dass Du dieses fragile Königreich verlieren wirst, falls Du es hintergehst, indem Du Gott um Führung bittest.

Doch es gibt keine andere Wahl, denn Glück ist das, was Du bist, Deine wahre Natur, Dein ursprünglichstes Wesen. Etwas anderes als Glück zu wählen bedeutet, den Traum der Trennung zu verlängern und sich auf den Weg der Angst zu begeben. Betrachte Furcht und Sorgen als den Eintrittspreis auf diesem Weg der Angst.

In der auf den Kopf gestellten physischen Welt der Trennung scheinen die Argumente des Egos logisch zu sein, auch wenn sie jene Ängste auslösen, die Dich davon abhalten, Gott um Rat und Führung zu bitten. Wir werden diese Ängste auflisten und erklären, um sie ans Licht zu zerren und zu entlarven, damit sie sich auflösen können, genau wie die Dunkelheit verschwindet, sobald das Licht eingeschaltet wird.

– Verdienstvoll und würdig. Die tief sitzende Sorge darüber, nicht »gut genug« zu sein, um Liebe und Hilfe von Gott, Jesus und den Engeln zu bekommen, rührt daher, sich auf das getrennte Selbst zu konzentrieren, das gar nicht real ist. Das getrennte Selbst fühlt sich grundlegend mangelhaft an, da Du weißt, dass es nicht das ist, was Du in Wahrheit bist. Wenn Du jedoch Gott konsultierst, bist Du Dein wahres Selbst, das sich angenehm und wohl anfühlt. Du liebst Dich selbst auf eine gesunde, harmonische Weise, daher weißt Du, dass dir – wie jedem anderen auch – Gottes Hilfe und Unterstützung zusteht. Du hast sie genauso verdient und bist genauso würdig, sie zu empfangen, wie jeder andere, da Gott Dich in seinem Wissen erschaffen hat. Erinnere Dich immer daran, dass Du in Gott lebst, und Gott in Dir.

– Verlassenheit. Ängste davor, verlassen und allein zu sein, werden durch den ursprünglichen Traum der Trennung ausgelöst. Das Ego hat Dir erfolgreich eingeredet, dass Gott weit weg ist und dass Du alleine und verlassen bist, mit nichts als dem Ego als Deinem Verbündeten. Doch in Wahrheit könntest Du nie von Gott getrennt sein, außer im Traum der Trennung. Doch der Schock, von Gott getrennt zu sein, führt zu dem Gefühl, vollkommen allein und verlassen auf der Welt zu sein, wie ein Waisenkind, das seine Eltern verloren hat. Solange Du Dich diesen Ängsten nicht stellst, bleiben sie verborgen und wiederholen sich im Traum der Trennung in Form von anderen Erfahrungen der Verlassenheit, wie eine Reihe von Spiegeln, die endlos die ursprüngliche Wunde reflektieren. Die Angst davor, sich an Gott zu wenden, basiert auf der Angst, dass Du Gott verlassen hast, oder Gott Dich verlassen hat – wobei beides unmöglich ist.

– Gesellschaftliche Isolation oder Ablehnung. *Was werden die Leute denken?* ist eine der größten Sorgen des Egos, das um die Position rangelt, besser zu sein als andere. Das Ego ist besessen von dem Gedanken, über anderen zu stehen, ihnen überlegen zu sein, als eine Möglichkeit, die Illusion der Trennung aufrechtzuerhalten. Die Angst besteht darin, dass Gott um Beistand zu bitten dazu führen könnte, unbeliebte Entscheidungen zu treffen, wie etwa wegzulaufen und ein Einsiedler zu werden. Wenn Deine Familie und Freunde mit Spiritualität nichts im Sinn haben, fürchtest Du vielleicht, dass sie Dich verurteilen werden. Im Traum der Trennung erleben Menschen, die Gott zurate ziehen, eine Periode des Loslassens von allem Künstlichen, einschließlich Beziehungen, die nicht länger symbiotisch sind. Dies ist ein Teil des Aufwachprozesses, ge-

nau wie der Übergang von Deinen nächtlichen Träumen zu dem Moment, wenn Du am Morgen Deine Augen öffnest und den neuen Tag begrüßt.
- **Widerstand gegen Veränderung.** Wenn Du vom Weg der Angst hinüber wechselst zum Weg der Liebe, sind Veränderungen unvermeidbar. Es ist, als würdest Du das Licht anmachen und plötzlich ein Chaos sehen, das Dir im Dunkeln nicht aufgefallen ist. Jetzt, wo Du weißt, dass es dieses Chaos gibt, möchtest Du es beseitigen und Ordnung schaffen. Und genauso verhält es sich, wenn Du erkennst, dass Du Dich mit allem an Gott wenden und vertrauenswürdige, brillante Ratschläge empfangen kannst. Plötzlich entwickelst Du einen höheren Standard, da Gott für alle höhere Standards hat. Du bist nicht länger willens, Dich einfach zufriedenzugeben und zu leiden, also überlegst Du, welche Veränderungen vorzunehmen sind. Die Frage ist, ob Du Gottes Führung vertraust. Auch Deine Beziehungen verändern sich, wenn Du Dich stärker auf das Spirituelle konzentrierst. Du und Deine Freunde teilen vielleicht nicht mehr die gleichen Interessen, was dazu führt, dass Ihr euch voneinander entfernt. Im Traum der Trennung werden Veränderungen normalerweise von einem Gefühl der Trauer begleitet. Trauer um das, was war, und über den Prozess des Loslassens.
- **Finanzielle Unsicherheit.** *Wenn ich mich dem Willen Gottes überlasse, heißt das, dass ich dann von heute auf morgen meinen Job kündige und kein Einkommen mehr habe?* So äußert sich die Angst davor, Gott zu konsultieren. Es ist die Angst vor der unbekannten Zukunft und davor, die Kontrolle dem »Willen eines an-

deren« zu überlassen. Doch vergiss nicht, dass Dein Wille und Gottes Wille Eins sind. Indem Du Dich Gott hingibst, gibst Du Dich in Wahrheit dem Willen Deines eigenen höheren Selbst hin anstatt dem angstvollen Willen des Egos. Wir stellen fest, dass Menschen immer dann, wenn sie Gott die Kontrolle überlassen, entspannter und zuversichtlicher werden und daher mehr Zufriedenheit und »Erfolge« bei ihrer Arbeit erlangen.

– **Perfektionismus und Zögern.** Das Gefühl festzustecken, ist häufig ein Zeichen von Perfektionismus, da Du Angst hast, die »falsche« Entscheidung zu treffen. Das resultiert in der Angst, den nächsten Schritt zu tun, damit Du nicht Dinge tust, die Du später bereust. Sehr oft steckt hinter dem Perfektionismus der unbewusste Glaube daran, dass jemand Dich für Deine Entscheidungen verurteilen wird oder dafür, dass Du Deinen unrealistisch hohen Erwartungen nicht gerecht werden kannst. Letzten Endes ist es das Ego, das urteilt, und da das Ego eine nicht reale Illusion ist, gibt es auch nichts zu befürchten. Wenn es auch weise ist, vor anstehenden Entscheidungen Gott um Rat zu fragen, kannst Du – sobald Du Deine göttliche Aufgabe erhalten hast – voll Vertrauen die nächsten Schritte unternehmen und unterwegs immer wieder Kontakt mit Gott aufnehmen.

– **Kontrollverlust.** Wir sehen viele Menschen, die fürchten, sich Gott hinzugeben würde bedeuten, dass sie »den Verstand verlieren« und bizarre Verhaltensweisen annehmen. Der Grund dafür ist, dass sie glauben, der Weg der Angst wäre ein Garant für ihre Sicherheit und der Weg der Liebe frivol oder naiv.

– **Macht** abgeben. Das Ego kämpft ständig gegen »Feinde«, die ihm seine Macht und Kontrolle wegnehmen könnten. Das Ego stellt sich vor, dass es mit Gott kämpft, um zu sehen, wer die Kontrolle über Dich hat. Daher ist für das Ego die Vorstellung, sich Gott hinzugeben, mit einer Niederlage vergleichbar. Natürlich findet dieser Machtkampf ausschließlich im Traum der Trennung statt … und auch zwischen Menschen, die in diesem Traum gefangen sind. Sich Machtkämpfen auszuliefern ist immer energieraubend und sinnlos, da niemand das heilige Kind Gottes kontrollieren kann, das Du in spiritueller Wahrheit bist.

Es gibt noch andere Variationen dieser Ängste, die das Ego erschafft, um Dich in dem Glauben zu halten, Du seist getrennt von Gott und anderen Menschen. Jetzt, da Du die unlogische Natur dieser Gefühle erkannt hast, können sie Dich nicht mehr wie zuvor gefangen halten. Wir Engel können helfen, Dich aus dem Netz egoistischer Ängste zu entwirren, wenn Du uns darum bittest. Richte einfach das Wort an uns, und wir sind bei Dir, um den Schleier zu lüften und Dich daran zu erinnern, wer und wo Du in Wirklichkeit bist.
Solange Du in menschlicher Form existierst, können wir Dir helfen, Dich auf dem Weg der Liebe eines glücklichen Traumes zu erfreuen. Es ist immer noch ein Traum, da es weiterhin den Anschein hat, als würdest Du Dich in einem separaten Körper befinden … doch Du durchschaust diese Illusion und siehst das helle, strahlende Licht Gottes in Deinem Inneren und in jedem, der Dir begegnet. Dies ist mehr als der Pro-

zess der Vergebung, denn Du siehst nur Liebe anstatt der oberflächlichen Illusionen.

Rufe Dir eine Zeit in Erinnerung, als Du leicht und klar eine Entscheidung getroffen hast. Du wusstest einfach, dass es die richtige Entscheidung war. Du hast sie getroffen und es nie bereut. Einen glücklichen Traum zu wählen, ist auch nicht komplizierter. Tatsächlich ist es sogar noch einfacher, da es in spiritueller Wahrheit nichts zu wählen gibt. Du entscheidest Dich einfach nur dafür, Dir der Tatsache bewusst zu sein, dass Du bereits glücklich bist.

Im Traum der Trennung geht es bei der Verlagerung von einem angstvollen zu einem glücklichen Traum lediglich darum, die entsprechende Entscheidung zu treffen. Du beschließt, Dein wahres Selbst zu sein, was nicht einmal einer Entscheidung bedarf, da Du bereits Dein wahres Selbst bist.

Sag einfach: »Ich entscheide mich für einen glücklichen Traum«, und meine es auf allen Ebenen Deines Seins ehrlich – physisch, emotional, intellektuell und feinstofflich – und schon erwachst Du zu einem neuen Traum – nach wie vor in einem separaten Körper, doch glücklich und friedvoll.

An deiner Entscheidung festhalten

Genau wie es der Meisterlehrer Jesus einst demonstriert hat, gibt es jede Menge verführerische Möglichkeiten, um wieder auf den Weg der Angst abzurutschen. Manche werden diesen Impuls *Teufel, das Böse, Dunkelheit, Ego* oder *niedere Energien* nennen. Un-

geachtet der theologischen Orientierung sprechen alle
diese Begriffe von der Verlockung, zum Weg der Angst
zurückzukehren.

Im Traum der Trennung werden Dein physischer,
emotionaler, intellektueller und feinstofflicher Körper
leicht von Versuchen abgelenkt, ihre Bedürfnisse zu erfüllen. Es ist verführerisch, zum Beispiel in Konkurrenz mit anderen zu treten in der Absicht, genug Geld
zu verdienen, um für genügend Essen, ein Dach über
dem Kopf und andere Lebensnotwendigkeiten zu sorgen. Im Traum der Trennung mangelt es an allem. Daher musst Du um die wenigen verfügbaren Ressourcen
kämpfen. In spiritueller Wahrheit gibt es alles in Hülle und Fülle
und genug, um es zu teilen. Also sind Konkurrenz
und Wettstreit keine Option. Du kannst Geld verdienen auf dem Weg der Liebe, indem Du Dich für einen
Beruf entscheidest, der damit zu tun hat, segensreiche
Dienste oder Produkte zu fairen Preisen anzubieten.
Wir werden bald mehr darüber erzählen, wie Du»in
dieser Welt« auf dem Weg der Liebe bleiben kannst.
Zurück zu Hause im Himmel mit Gott werden alle
Deine Bedürfnisse erfüllt… denn wie ein Kind in der
Gebärmutter hast Du tatsächlich keinerlei Bedürfnisse,
während Du mit Gott verschmolzen bist. Du bist un-
verzüglich und kontinuierlich erfüllt.

Falls Du denken solltest, ein leichter Weg zum Glück
würde bedeuten, Deinen physischen Körper zu zer-
stören, verstehe bitte, dass wir über Bewusstsein sprechen und nicht über Körperlichkeit. Viele Menschen,
die vom physischen zum spirituellen Leben übergehen,

sind nach wie vor besessen vom Weg der Angst. Der physische Tod eines Menschen ist kein magisches Allheilmittel für spirituelles Wachstum. Es gibt viele Ebenen des Bewusstseins, und *die Entscheidung, sich auf Liebe oder Angst zu fokussieren, gilt sowohl für Menschen in ihrem physischen Körper als auch für jene, die ihren physischen Körper zurückgelassen haben.*

Mit anderen Worten, der physische Tod ist kein augenblicklicher Weg zum Frieden. Dein Bewusstsein überlebt und behält den gleichen Fokus und die gleichen Angewohnheiten bei, wie zum Beispiel, Angst, Sorgen, Wut, Unversöhnlichkeit und Schuldgefühle. Wir Engel beraten alle, die unsere Hilfe wünschen, um ihre Gedanken auf die Einheit anstatt auf Trennung auszurichten.

Nur durch Wissen und Fühlen, dass alles Eins ist, ist allumfassender, beständiger und anhaltender Frieden möglich.

Die Bedeutung der Langeweile

Langeweile ist nach unserer Beobachtung eine der primitivsten Verlockungen, die Menschen vom Bewusstsein der Liebe zum Bewusstsein der Angst zieht. Menschen empfinden Angst, wenn sie erkennen, dass das Verfolgen sinnentleerter Ziele sie nie zu Frieden oder Glück führen wird. *Was soll ich stattdessen tun?* ist die natürliche existenzielle Frage, die sich stellt, wenn Du Deinen Fokus auf das richtest, was wichtig ist.

Wenn Du aufhörst, Dir Sorgen zu machen über das, was die anderen denken, besteht kein Bedürfnis mehr,

Dinge, Auszeichnungen etc. anzusammeln oder etwas zu erreichen. Es besteht keine Notwendigkeit, andere zu beeindrucken, wie es auf dem unsicheren Weg der Angst der Fall ist. Sobald Du also aufhörst, mit anderen zu wetteifern, etwas hinterherzujagen oder erreichen zu wollen und Dich mit ähnlichen egobasierten Gewohnheiten zu beschäftigen, folgt häufig eine Periode der Trauer und Verwirrung. Trauer, weil Deine alten Gewohnheiten, die Dir den Anschein von Wohlgefühl und Beruhigung gebracht haben, nicht länger benötigt werden. Verwirrung, weil Du Dich fragst, was Dein nächster Schritt sein wird.

Das Ego ist erbarmungslos in seinem unstillbaren Verlangen, Dich zu kontrollieren, vor allem jetzt, wo Du Dein Leben einem wohltätigen, hilfreichen Zweck gewidmet hast. Das Ego wirft Schatten über jene, die seine Herrschaft bedrohen. Wenn Dein Beispiel andere inspirieren wird, ebenfalls ihr Leben in den Dienst der Liebe statt der Angst zu stellen, dann bleibt dem Ego nichts anderes übrig, als auf Deine schwachen Stellen zu zielen, um sein eigenes Überleben sicherzustellen.

Die einzige Waffe, die dem Ego zur Verfügung steht, ist Angst. Alle Ängste, denen Du Dich nicht bewusst gestellt hast, sind die geheimen Waffen, die das Ego einsetzen wird mit dem Ziel, Dich wieder gefügig zu machen. Das Ego wird Dich überzeugen, dass etwas Schlimmes passieren wird, wenn Du Dich nicht »selbst beschützt«, indem Du Angst hast und nach weiteren Ängsten suchst. Das ist der Grund, warum wir betonen, wie wichtig es ist, Dich Deinen Ängsten zu stellen, mit dem gleichen

Mitgefühl für Dich selbst, das liebevolle Eltern ihrem weinenden Baby entgegenbringen würden.

Betrachten wir eine beispielhafte Tätigkeit, bei der Du anderen selbstlos hilfst, gemeinnützige Arbeit verrichtest oder eine segensreiche Dienstleistung zu einem fairen Preis anbietest. Vielleicht beschließt Du, als Heiler zu arbeiten, ein Buch zu schreiben oder Kindern zu helfen. Dies sind nur einige Beispiele; es gibt noch viele andere Möglichkeiten, auf dem Weg der Liebe zum Wohle anderer tätig zu werden.

Indem Du Dich Deiner auf Liebe basierenden Arbeit widmest, beginnt das Ego – die Angst an sich – zu fürchten, dass Deine liebevolle Tätigkeit ihm seine auf Angst basierende Kontrolle über andere entreißt. Also sucht das Ego nach Deinen geheimen Ängsten und redet Dir ein, dass sie wahr werden, wenn Du Deinen Weg der Liebe weitergehst. Das Ego behauptet, dass Du etwas verlieren wirst, was Dir am Herzen liegt, wenn Du nicht seine übervorsichtige Sicht der Dinge übernimmst, die durch Angst geprägt ist.

Dies führt zu Ablenkungen, während Du Deine auf Liebe basierende Arbeit verrichtest, und Du stellst fest, dass Du Dich langweilst und nicht länger inspiriert bist. Langeweile bedeutet, dass Dein Geist und Dein Herz nicht länger an Deinem auf Liebe basierenden Projekt beteiligt sind und Du Deine Zeit und Energie mit anderen Aktivitäten verbringst. Derweil wird Dein Projekt hintangestellt und kann nicht gedeihen.

Langeweile ist ein Zeichen dafür, dass Du den Weg der Angst gehst. Es bedeutet, dass Du auf einer anderen Wellenlänge bist als Dein Projekt. Das Ego fordert Dich auf, durch sinnlose Aktivitäten umgehend Erfüllung und Glück (das es Dir nicht bieten kann) zu finden. Anstatt nun zu etwas geführt zu werden, das sinnvoll ist für Dich, wird Deine Zeit und Energie auf etwas gelenkt, das vorübergehend aufregend ist, aber keine dauerhafte Bedeutung hat. Mit anderen Worten, das Ego benutzt Angst, um Deinen Fokus nach außen zu verlagern, um Glück und Erfüllung zu finden.

Und jetzt werden wir die bevorzugte Funktionsweise des Egos enthüllen: der Versuch, Dich zu überzeugen, dass Du anderen Menschen überlegen sein wirst, wenn Deine Aktivitäten auf Angst basieren. Es sagt, dass dieses Objekt Dir Prestige verleihen und jene Aktion Dir Auszeichnungen bringen wird. Es manipuliert Dich dahin, »andere Leute eifersüchtig zu machen« und »Erfolg als die beste Rache« zu sehen – mit der expliziten Absicht, den Traum der Trennung am Leben zu erhalten.

Das Ego wird Dich immer auffordern, Dich selbst als besser oder schlechter als andere zu sehen, Dich also um jeden Preis von anderen zu unterscheiden. Es ist ihm völlig egal, ob Du Dich selbst als jemand siehst, der *über* oder *unter* anderen Menschen steht. Das Ego ist ausschließlich daran interessiert, die Illusion der Trennung aufrechtzuhalten.

Aus diesem Grund sind die Ablenkungen des Egos synthetische Ersatzmittel für die wahren Wege des Glücks. Echte Befriedigung kann nicht »gewonnen« werden, da sie bereits gegeben ist. Und »andere Menschen auf Dich eifersüchtig zu machen« ist eine kalte, einsame und trennende Angelegenheit.

Du könntest allen Applaus der Welt, ungeahntes Lob oder Neid hervorrufen, aber Dich dennoch leer und unglücklich fühlen. Vergleiche dazu, wie es sich anfühlen würde, wenn Du notleidenden Menschen hilfst oder andere inspirierst, ihr eigenes Bewusstsein der Liebe zu öffnen.

Langeweile bedeutet, dass Du nicht wirklich an Deine Fähigkeit glaubst, Dein auf Liebe basierendes Projekt erfolgreich durchzuführen. Und dennoch, wenn Du Dich göttlich angeleitet fühlst, dieses Projekt in Angriff zu nehmen, dann wirst Du auf jedem Schritt des Weges göttlich geführt. Gott handelt durch jeden, der sich auf liebevolle Dienste an seinen Nächsten fokussiert. Vertraue auf Gott in Deinem Inneren, und jeglicher Selbstzweifel verschwindet.

Du wirst Langeweile an der Ruhelosigkeit erkennen, mit der sie einhergeht. Es entsteht das panische Bedürfnis, den Schlüssel zum Glück zu finden. Die egobasierte Langeweile ist ängstlich darauf bedacht, das zu finden, was sie sucht. Doch das Ego *weiß* nicht einmal, was es ist, wonach es sucht – ähnlich jemandem, der ungeduldig durch alle Fernsehkanäle zappt. Das Ego verspricht: »Du wirst wissen, dass es ›das Richtige‹ ist, sobald Du es findest«, ohne irgendwelche Hinweise auf das zu geben, was gesucht wird. Das Ego verspricht nur jenen Erleichterung von der Langeweile, die an dem Wettrennen um den Schlüssel zum Glück teilnehmen.

Rastlose Langeweile ist das genau Gegenteil von innerem Frieden, da die Vorstellung von Frieden das Ego wütend macht. Es benutzt eine Art manipulative Marketingstrategie, um Dich zu überzeugen, dass Frieden langweilig ist. »Schau Dir all diese friedlichen Leute an«, flüstert das Ego, deutlich genug, dass Du es hören kannst. »Sie tun nie irgendwas Aufregendes. Du willst nicht so sein wie sie.« Das Ego vertuscht die Tatsache, dass friedliche Menschen glücklich sind, damit Du Dich nur auf ihre sanften Handlungen fokussierst.

Wenn das Ego Dich erst einmal überzeugt hat, dass Frieden langweilig (und daher das schlimmstmögliche Ergebnis) ist, kann es Dich leicht mit jeder Art von Drama verlocken. Der Weg von Angst und Drama führt zu gewohnheitsmäßigen Streitereien (»Wett-Streiten«), ständigem Konkurrenzdenken, dem Aufgeben Deiner auf Liebe basierenden Projekte, Selbstsabotage und anderen angstgetriebenen Aktionen.

Die Welt des Egos ist total darauf fokussiert, um jeden Preis zu gewinnen. Es hat kein Gespür dafür, dass jemand anderem etwas zu nehmen oder auf verletzende Weise zu handeln das Gleiche ist, als würdest Du Dir selbst etwas nehmen oder Dir wehtun. Das Ego glaubt an die gespaltene Illusion der Trennung und sieht nicht, dass Du das, was Du anderen antust, Dir selbst antust.

Wenn Du aufpasst, merkst Du, dass jede Schimäre, mit der das Ego Dich ködern will, ein sicherer Weg zu Elend, Leid und Armut ist. Alle Erfahrungen, Objekte oder Umstände, zu denen das Ego Dich drängen kann, werden zu nichts anderem als noch mehr Leere führen.

Das Ego will nicht, dass Du dieses schmerzhafte Muster erkennst. Es sagt: »Diesmal wird es anders sein. Wenn Du diese ›äußere Sache‹, die Dir noch fehlt, bekommen oder erreichen kannst, wirst Du endlich glücklich sein. Diese ›Sache‹ wird Dir endlich Freude bringen. Dies ist der wahre Schlüssel zum Glück, *versprochen.*«

Löse Dich aus dem Bann des Egos und schlage seine Einladung zu Elend und Not aus, geliebtes Wesen. Durchschaue seine leeren Versprechungen und sinnlosen Aktionen. *Die Erkenntnis, dass nichts außerhalb Deiner selbst Dich glücklich machen wird, ist der Schlüssel zum Glück –* ein Thema, das wir jetzt noch weiter zusammen erforschen werden.

9

Stille Begeisterung

Eine Botschaft über wahre Erfüllung

Genauso wie nichts Äußeres Dich glücklich machen kann, kann es Dich auch nicht traurig, wütend oder ängstlich machen. Dein wahres Ich lebt im friedvollen Auge des von Drama erfüllten Orkans des Traums der Trennung. Die Zeit, der Stress oder das Altern können Dir nichts anhaben, denn Du bist exakt so, wie Gott Dich zu Beginn erschaffen hat: zeitlos und außerhalb der Zeit.

Ohne das Maß der Zeit gibt es keine Vergangenheit, Gegenwart oder Zukunft, mit der Du Dich vergleichen musst. Es gibt keine Ziele zu erreichen oder Gipfel zu erklimmen, keine grauen Haare oder Falten zu zählen, und keine Lebenslagen, für die Du planen musst. Alles ist ein vollkommenes, köstliches Genießen der allgegenwärtigen Liebe, die Dich nährt und unterstützt. Das ist Dein wahres Wesen, und Dein wahres Leben.

Du musst kein Wissen erlangen, was bedeuten würde, dass Wissen außerhalb von Dir existiert und gesucht und eingefangen werden muss. Es gibt nichts, das außerhalb von Dir ist.

Für das Ego hört sich das langweilig und wenig herausfordernd an. Doch ist ein Baby gelangweilt, während es in den liebevollen Armen seiner Eltern gewiegt wird? Alles Drama dieser Welt ist auf den einen Denkfehler zurückzuführen: Dass Du von anderen getrennt bist und mit ihnen um das konkurrieren musst, was Du brauchst. Wenn Du dieses Drama durchschaust, musst Du nicht daran teilnehmen.

Es gibt eine stillere Form der Begeisterung, die Dir Frieden bietet, während Du in Deinem Traum einen physischen Körper besitzt. Du befindest Dich gegenwärtig in diesem Traum, auf dem Weg der Liebe, Dir voll bewusst, dass es keine Trennung gibt zwischen Dir und anderen Menschen, uns Engeln, Jesus, oder Gott.

Wenn auch der Plunder und die Dramen der Welt Abwechslung von der Langeweile versprechen und eine Möglichkeit bieten, Dich von Deinen auf Liebe basierenden Projekten abzulenken, ist es in Wahrheit so, dass diese Äußerlichkeiten lediglich ein ärmlicher Ersatz für dauerhaftes Glück sind. Äußerlichkeiten enttäuschen immer und halten das Versprechen nicht, das sie geben.

Stell Dir vor, stattdessen jeden Morgen aufzuwachen, erfüllt von dem wunderbaren Gefühl der Verbundenheit und der Überzeugung, ein sinnerfülltes Leben zu führen. Wir Engel helfen Dir dabei, indem wir Deine Motivation von der Frage *Was habe ich davon?* hin zu *Wie kann ich dienen?* verlagern. Das Erste ist das Motto des Egos, und das Zweite der Ruf Deiner Seele.

Die Welt zu verleugnen oder ihr zu entfliehen ist so, als würdest Du bestätigen, dass es sich bei dieser Traumwelt um die Realität handelt. Die Besessenheit von dem Gedanken, die Welt *verlassen* zu wollen, ist exakt dasselbe wie die Besessenheit, *in* der Welt besser als andere sein zu wollen. All dies sind Formen der Vorstellung vom Getrenntsein, die den Glauben aufrechterhalten, dass Du von Gott und anderen Menschen getrennt bist. Wie wir schon besprochen haben, ist dieser Glaube an die Trennung die Basis allen Leidens.

Leiden ist nicht Gottes Wille, da Gott reines Glück ist. Es gibt keinen Aspekt des göttlichen Bewusstseins, der mit Leiden verbunden ist. Wenn es den Anschein hat, dass Gott Leiden ignoriert, liegt es daran, dass Gott sich nichts anderem als der spirituellen Wahrheit reiner Liebe bewusst ist. Die Illusion von Leid und Drama kann sich nicht in einem Geist entfalten, der 100 Prozent Liebe ist.

Das ist der Grund, warum Gott Jesus und uns Engel gesandt hat, damit wir jene Träumenden aufwecken, die sich der göttlichen Liebe nicht bewusst sind. Wir begegnen Dir im Traum der Trennung und nehmen Dich fest an der Hand, um Dich nach oben und aus dem Traum herauszuziehen. Das Ego hat Todesangst vor Gott, Jesus und den Engeln und sieht uns als Konkurrenten in seinem Verlangen nach Kontrolle und Sieg.

Für himmlische Wesen gibt es keine Konkurrenz, da sich nichts geändert hat, seit ursprünglich alles erschaffen wurde ... außer in einem sehr realistisch scheinenden Traum.

Freude ins irdische Leben bringen

Seit Du verstehst, dass das physische Leben ein sehr realistischer Traum ist, kannst Du die Macht, die Gott Dir verliehen hat, benutzen, um den Traum zu beeinflussen. Es ist so ähnlich, als würde Dich jemand fragen: »Wenn Du mit dem Schnippen eines Fingers das Leben Deiner Träume erschaffen könntest, was würdest Du tun und gegebenenfalls verändern?« Nun, wir Engel sagen Dir, dass Du nicht mit dem Finger schnippen musst, um Deinen Traum zu beeinflussen.

Wie wir schon erwähnt haben, sind Wachträume und nächtliche Träume identische Projektionen Deines intellektuellen Körpers. Unser früheres Beispiel eines »luziden Traums« zeigt, dass Du die Macht hast, beim Träumen bewusste Entscheidungen zu treffen. Während eines nächtlichen luziden Traums hast Du die Wahl, einen negativen Handlungsstrang in einen positiven zu verwandeln. Zum luziden Träumen gehört in der Regel, dass Du Dich behauptest und »Nein!« sagst zu allem, was Deinen Frieden stört.

Das ist der gleiche Prozess, mit dem Du in Deinem Wachtraum die Kontrolle übernimmst. Dir bewusst zu sein, dass das »Leben nur ein Traum« ist, bedeutet, dass Du der Träumer bist, der die Traumerfahrung beeinflusst. Du hast die Möglichkeit, Gott bezüglich jeder Entscheidung um Rat zu fragen und Dir dann die Zeit zu nehmen, Dir die Antwort anzuhören.

Du betrachtest das Leben, als seist Du Teil eines himmlischen Teams von Drehbuchautoren. Je öfter Du Gott konsultierst, bevor Du Dein Drehbuch schreibst, desto glücklicher wird die Handlung des Films verlaufen.

Das Ego hingegen geht wie ein »Kind in einem Süßwarenladen« an die Macht heran, die Gott Dir verliehen hat. Für das Ego ist sie die uneingeschränkte Lizenz, *immer nur zu nehmen, zu nehmen, zu nehmen.* Und Nehmen ist sicher eine Option, angesichts all der Macht, mit der Gott Dich ausgestattet hat. Doch nur zu nehmen führt nicht zum Glück.

Du erinnerst Dich daran, wie es sich anfühlt, wahrhaft glücklich zu sein, und in spiritueller Wahrheit empfindest Du nach wie vor Glück. Was Deine Wahrnehmung von Glück blockiert, ist der obsessive Gedanke, immer mehr erreichen zu wollen. Das bringt Deine Seele dazu zu glauben, dass Du nicht genug bist und Dich nur dann ganz fühlen wirst, wenn Du etwas findest, das Dich erfüllt – was tatsächlich ein deprimierender Gedanke ist.

Dem Ego würde es nichts ausmachen, wenn Du daran leidest, eine sinnentleerte Arbeit zu verrichten, nur um Deine Anschaffungen bezahlen zu können. Für das Ego ist Leiden der Weg zum Glück und »spirituellem Wachstum«. Doch wie könnte jemand, der bereits Eins ist mit Gottes allmächtigem Geist, mehr Wissen oder Wachstum erlangen müssen?

Du erwachst von der Illusion der Trennung und erkennst, dass Du für immer Eins bist mit Gott.

Den Unterschied erkennen zwischen Bedürfnissen und Wünschen

Der Weg aus diesem Dilemma besteht darin, den Unterschied zwischen einem notwendigen Bedürfnis und einem Wunsch zu erkennen:

- Betrachte Äußerlichkeiten nicht als Wünsche, sondern als Bedürfnisse. Im physischen Traum benötigst Du Nahrung, Wasser, ein Dach über dem Kopf und andere grundlegende Dinge, daher nimmst Du diese Äußerlichkeiten als notwendige Versorgung und nicht als Quelle von Glück oder Erfüllung wahr. Du gestehst gerne ein, dass es wohltuend ist, ein sättigendes Mahl zu genießen, doch Du machst das Mahl nicht zur magischen Lösung von Problemen. Auf diese Weise wirst Du nicht enttäuscht sein, sollte das Außen nicht irgendwelchen unrealistischen Standards entsprechen.

• Dies steht im Gegensatz zu *Wünschen*, bei denen Du glaubst, dass etwas außerhalb von Dir der Schlüssel zu dauerhaftem Glück ist. Es herrscht die Vorstellung vor: *Wenn ich doch nur dies hätte* (Objekt, Arbeit, Person, Haus, Umstände etc.), *dann wäre ich endlich glücklich*. Einem äußeren Umstand die Kontrolle über Dein Glück zu geben schafft die Illusion, dass Du nicht Deine gottgegebene Macht besitzt, Dich für das Glück zu entscheiden.

Viele »Wünsche« sind eine Möglichkeit, mit dem Stress umzugehen, der Teil des Traums der Trennung und der Dualität ist. Welche Arten von zwanghaftem Verhalten wendest Du an, um Stress zu vermeiden, obwohl es in Wahrheit *noch mehr* Stress verursacht? Zum Beispiel sind krankhafte Kauflust, Essen oder Trinken der Wunsch danach, Dich zufriedener und glücklicher zu fühlen. Das Äußere scheint die Antwort zu sein auf den Umgang mit Stress.

Doch halte bitte einen Moment inne und denke nach, ob die Aktivitäten, die diese Dinge ermöglichen, Deinen Stresslevel nicht noch erhöhen. Beim Shoppen zum Beispiel gibt es Stressfaktoren, die mit dem Kaufen zu tun haben: Das Produkt muss finanziert, transportiert, gepflegt und geschützt werden. In den meisten Fällen stellt sich bald heraus, dass es *die Dinge sind*, die anfangen, Dich zu »besitzen« und zu kontrollieren. Was wiederum Deinen Stress verstärkt, woraufhin Du dann den nächsten »Schatz« dort draußen suchst, um Deinen Stress zu reduzieren und Dein Glück zu vergrößern.

Im Rahmen dieser ehrlichen Diskussion versuche Dich bitte zu erinnern, ob irgendwelche Äußerlichkeiten, denen Du hinterhergejagt bist, zu dauerhaftem Glück und innerem Frieden geführt haben. Und dann denke an die Momente, in denen Du vollkommenen Frieden und Dich zutiefst glücklich gefühlt hast: Wo warst Du, mit wem, und was hast Du/habt Ihr in dem Moment getan? War das Glück vorübergehend oder dauerhaft?

Diese Fragen sollen nicht deine Entscheidungen verurteilen, vielmehr sind sie als Anleitung gedacht, um bei Dir eine Bestandsaufnahme zu machen. Deine Erfahrungen sind Deine größten Lehrer, die umgehend ein Feedback geben, wenn es darum geht, ob die Erfahrungen Schmerz und Angst erzeugt haben, oder Frieden und Liebe. Zu Beginn ist es Dir vielleicht egal, ob Du Schmerz fühlst, oder vielleicht setzt Du Schmerz mit Aufregung gleich. Doch wenn Du beginnst, Dich selbst zu lieben so wie Gott Dich liebt, fängst Du an, besser mit Dir selbst umzugehen. Das ist der Moment, wenn Du Dich für liebevolle und friedliche Erfahrungen entscheidest, anstatt für solche, die zu Schmerz und Angst führen.

Die schmerzhaften Erfahrungen sind oft eine Folge von Enttäuschungen, weil Deine Erwartung, dass der äußere »Preis« Dir Erfüllung bringen wird, sich nicht bewahrheitet hat. Der Schmerz der Enttäuschung ist ein wiederkehrendes Muster in einer langen Reihe wichtiger Ereignisse im Leben. Wenn Dir dieses Muster bewusst wird, wirst Du nicht länger Deine Hoffnung auf die schimärenhafte Illusion setzen, dass eine Person, ein Ort, ein Objekt oder eine Situation Dir Glück bringen wird.

Nimm Dir einen Moment Zeit und versuche Dir vorzustellen, wie Du Dich fühlen würdest, wenn Du weniger anstatt mehr Dinge besitzt, um die Du Dich kümmern und für die Du sorgen musst. Würdest Du Dich frei von diesen Verstrickungen fühlen? Hättest Du weniger Angst davor, dass Dir jemand Deine Besitztümer wegnimmt oder zerstört?

Dann denke über andere Äußerlichkeiten nach, denen Du vielleicht hinterhergejagt bist, oder die Du versucht hast, in Dein Leben zu zwängen. Vielleicht hast Du gelitten, um das Geld für diese Äußerlichkeiten zu verdienen, oder Dich auf andere Weise in Gefahr gebracht. Haben diese Dinge Dir das Glück und den Frieden gegeben, den Du Dir erhofft hast?

Diese ehrlichen Diskussionen mit Dir selbst können Dir die Wahrheit bewusst machen. Der Vorgang ist vergleichbar mit dem Aufbruch zu einem spezifischen Ziel. Wenn Glück und Frieden Dein beabsichtigtes Reiseziel sind, wirst Du auf einer Straße reisen wollen, die Dich dorthin führt. Die beste Möglichkeit zu wissen, ob Du auf dem richtigen Weg bist, besteht darin zu prüfen, ob Deine vergangenen Handlungen die von Dir gewünschten Resultate erzielt haben. Falls nicht, wirst Du Deine Handlungsweise ändern müssen.

Dein Weg zu Glück und Frieden ist einfach und angenehm. Anstatt zu leiden, um sich »Wünsche« leisten zu können oder ihnen hinterherzujagen, ist Dein Fokus darauf gerichtet, Deine »Bedürfnisse« zu erfüllen. Wie wir besprochen haben, müssen grundlegende Voraussetzungen gegeben sein, um Deinen physischen Körper zu erhalten. Auch Deine intellektuellen, emotionalen und feinstofflichen Körper haben ein grundlegendes Bedürfnis nach Stimulation und Aufmerksamkeit. Jenseits dieser Notwendigkeiten gibt es »Wünsche«, die in der Regel mit einer egobasierten Absicht zu tun haben. Zum Beispiel »benötigt« das Ego prestigeträchtige Objekte, um andere zu beeindrucken. Dies ist ein Zeichen, dass andere Menschen durch die Linse der Dualität gesehen werden, so als seien sie besser oder schlechter. Wann immer der Wunsch besteht, jemandes Aufmerksamkeit oder Zuneigung zu »gewinnen«, ist er auf das Ego zurückzuführen, das versucht, die Illusion der Trennung aufrechtzuhalten.

Wir können es nicht oft genug betonen:

Wann immer Du einen anderen Menschen als jemanden betrachtest, der in Bezug auf Prestige, Reichtum, Bildung, Intelligenz, Spiritualität, Liebenswürdigkeit, Attraktivität, Bewusstsein, Achtsamkeit oder irgendeinen anderen Maßstab unter Dir steht, befindest Du Dich auf dem Weg der Angst, Einsamkeit und Not. Es bringt nicht den geringsten Vorteil, besser als jemand anders zu sein oder andere auf Dich »eifersüchtig zu machen«. Über jemanden zu stehen ist ein Produkt der Illusion, getrennt zu sein. Wie kannst Du Dich geliebt fühlen, wenn Du Dich als getrennt von anderen siehst, die im Traum der Trennung Deine Freunde sind?

Ähnlich verhält es sich, wenn Du andere als besser betrachtest und dafür vom Ego – das ein Meister in der Verschleierung seiner auf Angst basierenden Methoden ist – als »demütig« bezeichnet wirst. Doch schau Dir diese Demut näher an, und Du wirst folgende Wahrheit erkennen: *Wann immer Du Dich selbst als schlechter oder unter jemandem stehend betrachtest, betonst Du damit die Illusion der Trennung und zweifelst an Gottes absichtlicher Schöpfung, die Du in Wahrheit bist.*

Jedes Mal, wenn Du Dich selbst oder eine andere Person verurteilst (egal wer sie ist oder was sie getan hat), beschreitest Du den Weg von Angst, Schmerz und Elend. Diese Tatsache ist unabänderlich, da Du in spiritueller Wahrheit für immer mit Gott und seinem allwissenden und allliebenden Geist verschmolzen bist.

Das Ego will Urteile gegen jene rechtfertigen, die »unverzeihliche Handlungen« begehen. Doch wir können nicht oft genug auf den hohen Preis hinweisen, den es kostet, auch nur ein einziges Urteil zu fällen – egal wie gerechtfertigt es scheint.

Lass uns hier zu einer früheren Diskussion über den Unterschied zwischen Urteilen und Einsichtsvermögen zurückkehren. Das Urteilen, wie Du Dich erinnern wirst, ist der Treibstoff des Egos, indem es anderen Menschen das Etikett von »gut« oder »schlecht« aufklebt. Vergiss nie, dass das Fundament des Egos darin besteht, die Illusion aufrechtzuerhalten, dass Du von Gott und anderen Menschen getrennt bist. Um diese Illusion beizubehalten, muss das Ego kontinuierlich Beispiele von anderen Menschen aufzeigen, die unter oder über Dir stehen.

Also ist Urteilen die Art, wie das Ego mit der Welt der Illusionen umgeht. Im Gegensatz dazu ist sich Dein höheres Selbst der Einheit mit Gott und anderen Menschen bewusst und wendet daher die Gabe der Einsicht an, um mit einer Aktivität zu beginnen. Einsichtsvermögen bedeutet, dass Du Dich entweder zu etwas hingezogen fühlst oder nicht.

Um ein Beispiel zu nennen: Das Ego würde jemanden, der viel Alkohol trinkt und Zigaretten raucht, als »schlecht« oder »geringer« ansehen. Das Ego würde sich bei diesem Vergleich zwar aufblasen vor Stolz, doch glücklich ist es nie. Stattdessen ist es ständig voller Angst – und das Denksystem des Egos zu übernehmen sorgt nur dafür, dass es Dir genauso geht. Ausnahmen gibt es nicht.

Das höhere Selbst hingegen würde die gleiche Person, die süchtig ist nach Alkohol und Zigaretten, mit mitfühlender Sorge für ihre Gesundheit und ihr Wohlergehen betrachten. Anstatt zu behaupten, dass die Sucht »schlecht« ist, würde die Einsicht sagen: »Ich fühle mich zu diesem Verhalten nicht hingezogen«, oder: »Ich werde für Gesundheit und Glück dieses Menschen beten«. Die Einsicht würde entweder den Süchtigen meiden oder versuchen, ihm zu helfen. Ein Urteil gibt es dabei nicht, nur Handeln.

Nun, das Ego mag vielleicht versuchen, der süchtigen Person zu helfen, um Anerkennung und Applaus zu bekommen. Vergiss nicht, dem Ego geht es immer darum, etwas zu bekommen, weil es sich selbst als fehlerhaft und mangelhaft wahrnimmt. Das höhere Selbst weiß, es gibt keine Trennung zwischen Dir und anderen Menschen; wenn Du jemand anderem hilfst, hilfst Du Dir selbst.

So lange Du Dir dieser Wahrheit bewusst bist – *Ich bin für immer total Eins mit Gott und allem, was er erschaffen hat* –, dann wirst Du nicht versucht sein, zu urteilen oder nach der Erfüllung von »Wünschen« zu jagen. Stattdessen genießt Du die stille Begeisterung des Gefühls, geliebt zu werden und liebenswert zu sein. Deine wahren Bedürfnisse werden einfach und problemlos erfüllt.

10

Die »Auszeichnung« des Lebens

Eine Botschaft über dauerhaftes Glück

Es ist unmöglich, gleichzeitig Angst zu haben und glücklich zu sein, da dies zwei Energien sind, die sich nie kreuzen. Wir haben in diesem Zusammenhang schon einmal das Beispiel der roten und violetten Streifen des Regenbogens erwähnt, die sich nie berühren. Die Schwingung der Farbe Rot ist viel zu niedrig, um jemals die hohe Schwingung von Violett zu erreichen. Und das Gleiche gilt für Angst und Glück. Wir können sehen, dass Du es bei Weitem vorziehen würdest, die höheren und leichteren Energien zu genießen. Wir heben Dich kontinuierlich auf eine höhere Ebene und flüstern Dir die Erinnerung an liebebasierte Entscheidungen in die Seele, die Du treffen kannst. Wir werden jetzt einige der Möglichkeiten aufzählen, wie Du in diesem wohligen Zustand des Glücks verweilen kannst, ohne zwischen Liebe und Angst hin- und herschwanken zu müssen. Es ist eine Wahl, die Du in jedem Moment treffen kannst und die beizubehalten leichter wird, sobald Du Dir dieser Optionen und Sichtweisen bewusst bist:

• **Wisse, dass Glück möglich ist.** Du wurdest glücklich erschaffen, nach Gottes glücklichem Ebenbild. Daher *bist* Du in spiritueller Wahrheit schon glücklich.

• **Fühle, dass Du es verdienst, glücklich zu sein.** Dein Glück nimmt niemandem etwas weg, sondern trägt stattdessen zum Glück in der Welt bei und ist für jeden in Deiner Umgebung eine Erbauung. Obwohl Du, so wie jeder andere, vielleicht ein Gefühl von Schuld empfindest, das Dich daran zweifeln lässt, ob

Du Glück verdient hast: Wisse, dass dieses Schuldgefühl nichts als ein Trick des Egos ist. Jeder Fehler
ist eine Gelegenheit, um zu lernen.

- **Erkenne, dass Du Dich für das Glück entscheiden
kannst.** Nichts außerhalb von Dir kann Dich glücklich »machen«. Kein Mensch oder Objekt kann für
reines und dauerhaftes Glück in Deinem Herzen
sorgen. Glück tritt nur dann ein, wenn Du es wert-
schätzt; weißt, dass Du es erlangen kannst; erkennst,
dass Du Glück verdienst; Dich entscheidest, glücklich zu sein; und eine glückliche Sichtweise wählst.
Was bedeutet, Dich selbst, andere und Dein Leben
generell aus der Perspektive des Glücks zu betrachten.
- **Verstehe, dass Glück Dein wahres Selbst ist.** Wenn
Du glücklich bist, bist Du ganz Du selbst. Glücklich
zu sein bedeutet den totalen Zugang zu der Dir von
Gott verliehenen Macht zu haben.
- **Erkenne den Unterschied zwischen Deinem wahren Selbst und dem Ego.** Es ist ganz einfach: Wenn
Du nicht glücklich bist, dann denkst und handelst
Du aus der Sicht des Egos – zum Beispiel wenn Du
urteilst oder jemanden beschuldigst. Das Ego wird
Dir einreden, Glück durch eine Äußerlichkeit finden zu wollen, indem Du etwas kaufst, konsumierst,
eine Beziehung eingehst oder Ähnliches. Diese äußeren Dinge werden Dir ein vorübergehendes und
flüchtiges Glückserlebnis geben, doch nur die Entscheidung Deines wahren Selbst, glücklich zu sein,
führt zu einem reinen und dauerhaften Zustand des
Glücks.

Und jetzt werden wir uns darauf konzentrieren, Dir zu helfen, die Eigenschaften des Egos zu erkennen, und Dir ein paar Methoden zeigen, wie Du die glückerfüllte Perspektive Deines wahren Selbst wiederherstellen kannst.

Alte Verletzungen auflösen

Es scheint, dass das menschliche Leben voller Verletzungen und Enttäuschungen ist. All die alte Verbitterung und Reue, die Du mit Dir herumgeschleppt hast, haben zu einer Schwere geführt, die Dich niederdrückt und höhere Schwingungen unerreichbar macht. Dir selbst oder anderen die Schuld daran zu geben, nährt die Illusion, dass Ihr separate Individuen seid, was Dein Bewusstsein automatisch auf den Weg der Angst bringt. Dein Geist kann sich sowohl auf die Dualität als auch die Nicht-Dualität konzentrieren. Wenn Du also einen anderen Menschen als jemanden betrachtest, der Deiner Meinung nach die Schuld trägt oder »das Problem« ist, wirst Du Dich als getrennt von ihm sehen. Im gleichen Moment nimmst Du auch Dich selbst als alleingelassen und von Gott getrennt wahr. Dieser Gedanke ist die Basis aller Angst.

An vergangenen Problemen festzuhalten, um sie als eine Art Verteidigungsmechanismus gegen künftige Probleme einzusetzen, ist, als würdest Du einen Reißnagel mit Dir herumtragen, der Dich vor langer Zeit verletzt hat. Du behältst den Nagel als Mahnung an das, was passiert ist, und um zu verhindern, dass Du noch mal auf einen Nagel trittst. Doch diesen Nagel mit Dir herumzutragen tut mehr weh als die ursprüngliche Verletzung!

Nimm Dir jetzt gleich einen Moment Zeit, um Deinen Geist zu beruhigen und irgendwelche Ansammlungen in dem Energiefeld zu spüren, das Deinen Körper umgibt. Denn wenn Du über irgendetwas verbittert bist, das in Deiner Vergangenheit passiert ist, kannst Du sicher sein, dass Du es wie einen »Energiebeutel« an Deiner Seite mit Dir herumträgst, was irgendwann zu einer ungesunden Energieansammlung *in Deinem Inneren* führt. Daher besteht die dringende Notwendigkeit, diese alte Situation loszulassen … zusammen mit der Verbitterung und der Angst, sie könnte sich wiederholen.

Die verletzenden Handlungen sind immer das Resultat des Glaubens an die Dualität, bei der ein Mensch versucht, etwas von einem anderen »zu bekommen«. Die Handlungen selbst sind egoistisch – wie wir bereits erklärt haben, besagt diese Mentalität, dass Du mit anderen Menschen konkurrieren musst, um das zu bekommen, was Du brauchst und von dem Du glaubst, dass es nur in begrenztem Umfang zur Verfügung steht.

Du kannst Verletzungen mit diesem gebetsähnlichen Kredo auflösen: *»Ich lasse jetzt alles los, außer die Erkenntnis und die Liebe.«* Hinter der Verletzung und dem Schmerz stecken Liebe und Vertrauen, die betrogen wurden, entweder durch Dich oder jemand anderen. Diese Liebe existiert immer, unabhängig davon, ob die Beziehung weiterbesteht. Die Energie der Liebe ist ewig und allgegenwärtig, was bedeutet, dass sie immer bei Dir ist, egal wohin Du gehst. Das ist die Wahrheit, selbst wenn Du das Gefühl hast, die betreffende Person nicht mehr zu lieben. Du bist Gottes geliebtes Geschöpf, immun gegen Verletzung, da Du als unzerstörbare, unsterbliche und ewige Erweiterung göttlicher Liebe erschaffen wurdest. In spiritueller Wahrheit kann nichts und niemand Dir jemals Schaden zufügen. Deine Seele ist für immer und ewig lebendig. Doch im Traum der Trennung können sich Berge aus Verletzungen und Schmerzen auftürmen, was es Dir schwer macht, Dich an Dein wahres göttliches Sein zu erinnern.

Erlaube uns Engel, Dich gen Himmel zurück nach Hause zu begleiten in dem Bewusstsein, dass alles andere nichts ist als ein Traum, aus dem Du liebevoll herausgeholt wirst. Bitte uns Engel, Dir zu helfen, Deinen Fokus auf das *Ewige* anstatt auf das *Äußere* zu richten.

Loslösung vom Ego

Das Ego ist besessen davon, andere Egos zu analysieren. Es findet sein eigenes »Vergnügen« darin, Filme in ihre einzelnen Szenen zu zerlegen, ähnlich einem irregeleiteten Detektiv. Doch das Einzige, was das Ego jemals findet, ist der Weg der Angst und des Schmerzes. Jegliche vom Ego vorgenommene Analyse bestätigt unweigerlich die Vorstellung von der Trennung. Die Absicht besteht darin zu verstehen, warum ein Mensch sich so verhält, wie er es tut. Doch die Antwort ist jedes Mal dieselbe, unabhängig von den Details: Ein Mensch wird entweder aufgrund von Liebe oder Angst aktiv. Seine Handlung ist entweder selbstlos (Liebe) oder egoistisch (Angst).

Je mehr Du Dich auf das egoistische Verhalten eines anderen konzentrierst, desto tiefer versinkst Du in dem Treibsand egoistischer Energie. Der Auslöser für die »Sucht nach Aufregung« ist der Wunsch, der Langeweile zu entfliehen und so etwas wie Bedeutung zu finden.

Wenn jemand über Dich urteilt, begegne ihm mit Mitgefühl, weil er den Weg der Angst gewählt hat. Diesen Menschen schmerzt seine eigene Entscheidung, Dich zu verurteilen und als getrennt von ihm wahrzunehmen. Denn Du kannst sicher sein, dass Du nicht der Einzige bist, den seine verurteilende Sichtweise trifft. *Die Angewohnheit zu urteilen ist die schmerzhafteste Sucht von allen.*

Beobachte Dich stets selbst, um zu erkennen, ob Du nach einer Gelegenheit suchst, Dich gebraucht oder unterhalten zu fühlen, denn beides sind Signale für den Weg der Angst – welcher nicht der Weg zur Erfüllung ist. Tausende von Menschen könnten Dich »brauchen«, doch Du würdest Dich immer noch einsam fühlen, wenn es sich um eine Beziehung zwischen zwei Egos handelt. Indem Du diese »Notwendigkeit, gebraucht zu werden« oder die »Notwendigkeit, unterhalten zu werden« bemerkst, wirst Du erkennen, dass es sich in beiden Fällen um *Wünsche* und nicht um wahre *Bedürfnisse* handelt.

Das Ego möchte kontinuierlich in seiner Existenz bestätigt werden, und dazu gehört, gehört, gebraucht, geschätzt und belohnt zu werden. Im Gegensatz dazu gibt Dein wahres Selbst aus reiner Freude am Geben – ohne irgendwelche Bedingungen. Das Ego »weiß«, dass es nicht real ist, da Angst nicht real oder von Gott erschaffen ist. Daher fürchtet es ständig, als »Hochstapler« oder »Betrüger« entlarvt zu werden. Wenn Du auf das Ego hörst, wird es versuchen, Dich zu überzeugen, dass *Du* ein Hochstapler oder Betrüger bist. Natürlich bist Du das nicht, doch Du kannst Dich so fühlen, wenn Du vorgibst, jemand anderes zu sein als Dein wahres spirituelles Selbst in dem Bemühen, gemocht oder akzeptiert zu werden.

Dein wahres Selbst hat keine Angst, und vor allem macht es sich keine Sorgen, akzeptiert oder anerkannt zu werden. Dein wahres Selbst ist zu sehr damit beschäftigt, alles und jeden zu lieben. Was der Schlüssel ist, um Dich von der tyrannischen Herrschaft des Egos zu befreien.

Das Ego zu bekämpfen oder frustriert zu sein, wenn Du auf den Weg der Angst zurückfällst, gibt dem Ego die Bestätigung, die es sucht. Du stärkst das Ego jedes Mal, wenn Du Dich selbst für Dein Gefühl der Unsicherheit verurteilst.

Habe Mitgefühl mit Dir selbst und wisse, dass so gut wie jeder Mensch gelegentlich in die Fänge des Egos gerät. Entscheidend ist zu erkennen, *wann* es passiert, und Dich von Ängsten oder Sorgen über die Dramen des Egos freizumachen.

So würdest Du zum Beispiel sagen: *Ich merke, dass ich gerade emotionalen Schmerz fühle, was bedeutet, dass ich dem Ego die Kontrolle über meine Gedanken gege-*

ben habe. Ich löse mich jetzt von allen Sorgen über diese Situation. Ich vertraue darauf, dass sich durch mein Loslassen die Lösung so schnell ergeben wird, als würde ein Licht eingeschaltet, das alle Dunkelheit verscheucht. Sich vom Ego loszulösen bedeutet nicht, gefühllos oder gleichgültig zu sein. Tatsächlich ist es fürsorglicher, sich zu lösen, als das Benzin der Angst in das Feuer des Ego-Dramas zu gießen. Auf dem Weg der Liebe empfängst Du klare innere Botschaften, wie Du am besten selbstlose Hilfe anbieten kannst, die anderen automatisch hilft. Auf dem Weg der Angst unternimmst Du rückwirkend Rettungsversuche, die gar nicht nötig sind. Mit anderen Worten, die angstbasierten Entscheidungen sind unsinnig und lenken Dich ab von Deinem wahren selbstlosen Einsatz dort, wo er wirklich gebraucht wird.

Bitte uns um Beistand beim Loslassen einer Situation, in die Du verwickelt bist. Wir werden Dir dabei helfen, Dich von den Ängsten zu befreien, dass andere über Dich urteilen oder Dir etwas wegnehmen könnten. Wir werden Dir bestätigen, dass nur das Ego urteilen kann und es sich bei der Situation daher um eine Illusion handelt, die keine Auswirkung auf die Realität haben kann. Wir werden Dich daran erinnern, dass niemand Dir etwas wegnehmen kann, was Dir gehört.

Angst ist keine gute Unterhaltung

Dir ist bestimmt, glücklich zu sein, daher fühlst Du Dich am besten, wenn Du glücklich bist. Das mag einfach und offensichtlich klingen, doch man kann es nicht oft genug sagen … vor allem, weil wir so viele Menschen sehen, die sich in der trügerischen Illusion verfangen, dass es unterhaltsam ist, Angst zu haben. Diese Illusion nimmt viele Formen an, zum Beispiel indem man sich bewusst einen angsteinflößenden oder brutalen Film ansieht oder einen spannenden Krimi liest. Diese extrem aufregende Erfahrung ist die Ego-Version von Glück. Das Ego fühlt sich am lebendigsten, wenn Dein Herz rast und Dein Kopf sich ängstlich fragt, was als Nächstes passieren wird.

Das Ego ist besessen davon, die Zukunft vorherzusagen und zu kontrollieren. Wenn Du Dir einen angsteinjagenden Film anschaust, erlebst Du die typische Vorgehensweise des Egos aus erster Hand, wenn Du auf Figuren in dem Film schimpfst, die nicht vorhersehen, welche Gefahren auf sie zukommen. Eine reine Projektion des Egos – das alles zu kontrollieren und vorherzusehen versucht, was ironischerweise erst Gefahren und dramatische Situationen anzieht.

Wenn Du Dir Deine Reaktionen auf verschiedene Lebenslagen bewusst vor Augen führst, kannst Du fühlen, ob Du durch sie wahres, dauerhaftes Glück erlangst oder nur eine vorübergehende Ablenkung von der Langeweile erlebst. Wie fühlst Du Dich, wenn Du liebevoll und freundlich bist? Wenn Du in Eile bist? Wenn Du eine angstbasierte Erfahrung machst?

Es liegt viel Weisheit in der Aufforderung, sich seinen Ängsten zu stellen. Der Akt des Überwindens von Angst, indem Du Dich ihr stellst, ist eine uralte Praktik. Doch gibt es zwei Möglichkeiten, Dich Deinen Ängsten zu stellen und sie zu überwinden, entsprechend den Absichten, die Deinen Handlungen zugrunde liegen.

Zunächst einmal gibt es den Weg der Liebe, der Angst wie ein weinendes Baby wahrnimmt, das beruhigt werden muss. Zeige Dir und anderen Mitgefühl, wenn Ihr Euch ängstigt. Es handelt sich um einen Fall von Gedächtnisverlust, bei dem Ihr Eure göttliche spirituelle Macht vergesst, etwas zu erschaffen oder ungeschehen machen zu können.

Hüte Dich jedoch davor, in welcher Form auch immer, die Angst zu stärken. Wenn jemand merkt, dass er Beachtung und Zuneigung erfährt, weil er Angst hat, wird er dieses Muster vielleicht wiederholen… und somit abhängig werden von Äußerlichkeiten (indem ein anderer ihm Aufmerksamkeit schenkt), um ein vorübergehendes Glücksgefühl zu erlangen. Das Gleiche gilt, wenn Du Dich selbst mit irgendwelchen äußeren Dingen ablenkst, um Deine Ängste zu beruhigen. Wenn es auch vorübergehend Deine Emotionen besänftigen kann, Dich Äußerlichkeiten wie Alkohol, Drogen, Einkaufen, Fernsehen etc. zuzuwenden, verstärkt es letzten Endes nur die zur Gewohnheit gewordene Angst.

Der Weg der Liebe ist eine klare Erinnerung an die Liebe, Sicherheit und den Frieden Gottes und damit die ideale Möglichkeit, Ängste zu verscheuchen. Wenn Du Angst empfindest, wiederhole den Namen Gottes mit lauter Stimme oder innerlich, um Dich wieder wohl zu fühlen.

Vergleiche diese sanfte und effektive Herangehensweise mit der Methode des Egos, »Ängste zu über-

winden«, indem Du Dich bewusst in eine furchteinflö-
ßende Situation begibst. Dieses Vorgehen ist unnötig
und verstärkt nur den Glauben, dass Ängste notwendig
und wirkungsvoll sind.

Das »Hochgefühl«, einen angsterregenden Film, eine
Achterbahnfahrt, ein Beziehungsdrama oder andere
aufregende Dinge zu erleben, ist ein Produkt Deines
physischen Körpers, der Bewältigungsmechanismen
anwendet. Die Beschleunigung Deines Herzschlags
und Atems mag unterhaltsam scheinen, doch in Wahrheit sehen wir hier einen physischen Körper in Not.
Diese Bewältigungsmechanismen wurden entworfen,
Dir Stärke und Kraft zu verleihen, um echter physischer Gefahr zu entkommen. Für Deinen physischen
Körper fühlt es sich in diesen Szenarien an, als befän-
dest Du Dich *tatsächlich* in Gefahr, und er regiert entsprechend. Das ist der Grund, warum Du Frieden vielleicht als langweilig und unerreichbar empfindest.
Auch sich Sorgen zu machen gehört zum Lieblings-
sport des Egos. Das ist eine Folge des Glaubenssatzes,
dass glücklich zu sein irgendwelche Gefahren birgt,
oder dass »auf etwas Gutes immer etwas Schlechtes
folgt«. Das Ego lässt nie nach in seiner Wachsamkeit,
aus Angst, dass eine scheinbare Gefahr ihm die Kontrolle entreißen könnte. Und Menschen, die auf die
tyrannischen Befehle des Egos hören, sind so lange fest
im Griff der Angst und Anspannung gefangen, bis sie
sich bewusst davon befreien.
Du kannst dem Ego folgen, das zukünftiges Glück verspricht – oder bei Gott sein im ewig währenden Glück

des Hier und Jetzt. Es liegt ganz bei Dir; Dein ist die Macht zu entscheiden, jetzt und immer.

Deine Energie-Level

Gott ist reine Energie, und tatsächlich die *einzige* Energie. Gottes Energie ist beglückend, und wenn Du Dich auf Deine Verbundenheit mit Gott fokussierst, fühlst Du Dich erhaben und glücklich.

Mit Deinem Gott-Bewusstsein hast Du unbegrenzten Zugang zu so viel Energie, wie Du benötigst. Deine vier Körper – physisch, emotional, feinstofflich und intellektuell – werden alle von Deiner Entscheidung beeinflusst, den Weg der Liebe oder der Angst zu gehen. Wenn Du Dich auf irgendeinen Aspekt der Angst fokussierst – zum Beispiel zu glauben, dass es nicht genug von dem gibt, was Du brauchst; dass Du in Gefahr bist; dass andere Menschen getrennt von Dir sind und mit Dir konkurrieren; dass Dein Lebensquell außerhalb Deines eigenen Selbst liegt und kontrolliert, verfolgt oder erobert werden muss – wirst Du die energetischen Auswirkungen auf Deine vier Körper bemerken.

Zeichen, dass Du auf dem Weg der *Angst* bist:
- Der physische Körper fühlt sich angespannt, krank oder hat Schmerzen.
- Der emotionale Körper fühlt sich ängstlich, besorgt, wütend oder deprimiert.
- Der intellektuelle Körper fühlt sich nicht in der Lage, sich zu konzentrieren.

- Der feinstoffliche Körper fühlt sich erschöpft und müde.

Diese Zeichen sind nicht als Kritik zu verstehen; sie sind Dein inneres Feedback, das Dir zeigt, ob Du auf Liebe oder Angst fokussiert bist. Diese Zeichen wahrzunehmen hilft Dir, Deine eigenen Energiesignale zu lesen und zu entscheiden, ob Du auf dem Weg der Liebe oder der Angst bleiben willst.
Und jetzt wollen wir uns anschauen, wie Deine vier Körper reagieren, wenn Du Dich auf die Liebe fokussierst – zum Beispiel wenn Du das Gute in Dir und anderen erkennst; auf Zusammenarbeit statt Konkurrenzkampf setzt; darauf vertraust, dass Gebete beantwortet werden; und Dir selbst die Erlaubnis erteilst, glücklich zu sein.

Zeichen, dass Du auf dem Weg der *Liebe* bist:
- Der physische Körper fühlt sich entspannt, wohl und harmonisch.
- Der emotionale Körper fühlt sich ausgeglichen und erfüllt.
- Der intellektuelle Körper kann sich konzentrieren und ist voller kreativer Ideen und Lösungen.
- Der feinstoffliche Körper fühlt sich wunderbar mit Energie versorgt.

Gottes Energie ist ein natürlicher Antrieb für Dich, denn Dein natürliches Selbst *ist* die Energie Gottes. Während das Ego glaubt, die Quelle der Energie befindet sich im Außen (Koffein, Zucker, Aufregung oder andere künstliche Stimulationen), ist Dein wahres Selbst bereits voller Energie.

Außerdem versucht das Ego kontinuierlich, schneller zu sein, um externe Ziele und Leistungen zu realisieren, von denen es annimmt, dass sie zu Glück und Anerkennung führen werden. Und so glaubt das Ego, dass der Schlüssel zum Glück mit künstlich hervorgerufener Energie zu tun hat, die ihm hilft, sein unerreichbares Ziel eines von Äußerlichkeiten abgeleiteten Glückes zu erreichen. Das Ego schielt immer nach der Zukunft, um sich hier und jetzt glücklich zu fühlen. Doch es ergibt keinen Sinn, sich an der Zukunft zu orientieren, um einen gegenwärtigen Zustand zu erreichen.

In spiritueller Wahrheit bist Du jetzt und immer an Gott, die wahre Quelle allen Seins, »angeschlossen«. Du ruhst jetzt und hier wohlig in der Umarmung des Geistes Gottes, und Du hast alles, was Du brauchst. Es besteht keine Notwendigkeit, hinter irgendetwas herzujagen oder Dinge erreichen zu wollen. Dein wahres Selbst weiß, dass Du bereits glücklich und voll Frieden bist.

Das Ende der Suche im Außen ist der Moment, wenn der innere Frieden gefunden wird. Du spürst ihn, wenn Du still im Hier und Jetzt verweilst und Dein Einssein mit Gott erkennst. Du hast bereits die »Auszeichnung« des Lebens gewonnen. All der Respekt, die Errungenschaften und Anerkennung sind Dir bereits sicher.

Du hast anderen geholfen, indem Du Dir selbst geholfen hast, aus dem Traum der Trennung und des Mangels zu erwachen. Jetzt gehe hin und sei anderen ein

Vorbild durch Dein gelebtes Beispiel wahren, dauerhaften Friedens und Glücks. Sei ein Engel, wo immer Du hingehst, indem Du Güte und Mitgefühl ausstrahlst.

Nachwort

Deine Aufgabe, Deine Existenzgrundlage und Dein Sein

Die wahre Bedeutung von *Einssein* ist wortwörtlich zu verstehen. Jeder und alles, was Du siehst, bist *Du*. Wenn Dich also jemand stört oder wütend macht, ist dies eine Gelegenheit, Dir selbst zu vergeben. Das mag scheinbar schwer zu glauben sein, doch wir bringen Dich im Schnellvorlauf zum höchsten Wissen spiritueller Erleuchtung.

Vergib Dir heute jedes Mal selbst, wenn Dir jemand auf die Nerven geht.

Du kannst sagen: »Oh, das bin ich, der verletzend ist.« Oder das Gegenteil: »Oh, das bin ich, der erfolgreich ist.«

»Hier bin ich, wirklich talentiert.«

»Hier bin ich, wirklich liebevoll.«

Alles, was Du in anderen siehst, existiert auch in Dir. Indem Du Dir selbst für alles vergibst, löst Du die Illusion der Trennung auf. Das ist die Art, wie Du zur Heilung der Welt beiträgst.

Geben und *Empfangen* sind nicht Pfeile, die von Dir ausgesandt werden, zurückkommen und dabei in verschiedene Richtungen zeigen. Vielmehr handelt es sich um einen kontinuierlichen Kreislauf *von* Dir *zu* Dir, weil *Geben* und *Empfangen* ein und dasselbe sind.

Visualisiere Dich selbst, umgeben von einer elastischen Schnur, ähnlich einer Spirale aus Licht. Diese Spirale zeigt, wie die Energie des Gebens und Nehmens aussieht. Wenn Du nur gibst, wird die Spirale kurz sein. Wenn Du Dir erlaubst, zu empfangen *und* zu geben, wird die Spirale lang sein.

Sei versichert, dass Du alles, was Du anderen gibst, Dir selbst gibst. Indem Du auf den unendlichen Vorrat und die formbare Natur der Materie vertraust, lebst Du im Wohlgefühl der Liebe … und ebenso jeder andere, dem Du begegnest.

Es ist eine Vergeudung von Zeit und Energie zu versuchen, *äußere* Situationen zu verändern oder in Ordnung zu bringen. Richte Deinen ungeteilten Fokus darauf, Deine *inneren* Erfahrungen reich, gesund, liebevoll und friedlich zu gestalten – und Deine äußeren Erfahrungen werden automatisch genauso sein.

Dein Leben ist ein Traum, und Du bist der Träumer, der die Richtung seines Traums vorgibt. Wenn Du Dich jemals festgefahren oder ängstlich fühlst, bitte uns Engel, Dich sanft aus dem Traum der Angst zu wecken. Wir werden Dich an die absolute Macht Gottes erinnern, die er in Dir verankert hat. Wir werden Dich lehren und Dir zeigen, wie Du Deine Macht, zu wählen und bewusst zu gestalten, anwenden kannst.

Es gibt keine Vorteile oder »Punkte«, die Dir durch Leiden gutgeschrieben werden. Niemand zwingt Dich etwas zu tun. Ebenso wenig gibt es irgendwelche Blockaden oder Prüfungen. Alle vor Dir liegenden Entscheidungen entspringen Deinem freien Willen.

Das erfordert von Dir, Zeit für Momente der Stille zu reservieren, in denen Du ehrlich mit Dir selbst kommunizieren kannst, um zu entscheiden: *Welche Erfahrung wünsche ich mir?*

Da Du weißt, dass es sinnlos ist, sich auf das Erreichen äußerer Dinge zu fokussieren, kannst Du Deine irdische Zeit und Energie darauf konzentrieren, die Schätze Deiner inneren Welt zu genießen und mit anderen zu teilen.

Du bist ein spiritueller Lehrer und Heiler, der seine Sichtweise der Liebe weitergibt, und der positive Welleneffekt ist enorm. Solange Du nicht nach wie vor danach strebst, irgendeinen äußeren »Preis« zu erlangen, kannst Du sicher sein, dass Dein Leben des Teilens voll tiefer Erfüllung und Sinnhaftigkeit sein wird.

Wir werden Dich immer, dem Willen Gottes und Deiner Aufgabe und Mission entsprechend, sicher geleiten und Dir helfen, Deine echten Bedürfnisse zu erfüllen. Der Weg, wie ihn Gott für Dich und Deine spirituelle Familie ausersehen hat, ist ein Weg des Friedens.

Mögest Du Frieden als Deine Mission, Deinen Lebensinhalt und Dein Sein akzeptieren. Mögest Du Liebe als Deine Sichtweise und Basis für alle Handlungen wählen. Und mögest Du Dich so wohlfühlen mit Deinem Glück wie einst mit Deiner Not.

Das ist unser Gebet für Dich, geliebtes Wesen. Und wie Du weißt, werden alle Gebete beantwortet und erfüllt.

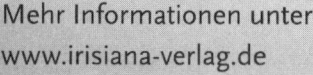

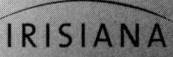

SCHMERZEN LINDERN MIT DER ENGELEXPERTIN

256 Seiten | Gebunden mit Schutzumschlag | € 19,99 [D]
ISBN 978-3-424-15291-3

Die Bestseller-Autorin Doreen Virtue und der erfolgreiche Naturheiler Robert Reeves zeigen, wie Sie mit natürlichen und spirituellen Heilmethoden physischen Schmerz lindern oder sogar auflösen können. Die Autoren bieten eine einzigartige Palette alternativer Anwendungen von Heilpflanzen bis hin zu Engelsgebeten. Für jeden Körperbereich erhalten Sie konkrete Empfehlungen zur praktischen Anwendung.

Weitere Infos unter www.irisiana.de